Social Skills Training

For Children and Adolescents with Asperger Syndrome and Social-Communication Problems

社交技能培训手册

70节沟通和情绪管理训练课

[美] 杰德·贝克（Jed E. Baker）◎ 著

张雪琴 ◎ 译

致　　谢

感谢所有启发过我的孩子及其家人，因为他们，我们才知道应该教什么、怎样教得明白易懂，他们是本书内容的真正源头。

感谢同事安德烈亚·富特曼（Andrea Footerman）、肯温·南库（Kenwin Nancoo）、梅丽尔·赫勒（Meryl Heller）给我的技能训练课贡献了许多想法。感谢阿斯伯格综合征教育网（Asperger Syndrome Education Network, ASPEN）总裁洛丽·谢里（Lori Shery）为完善对阿斯伯格群体的服务孜孜以求，是她第一个鼓励我为阿斯伯格个体开办训练班。

感谢我的妻子贝丝（Beth），以及两个孩子杰克（Jake）和琳赛（Lindsay），感谢他们包容我，也提醒我乐享手头的每一件事，尤其是教学工作。

杰德·贝克（Jed E. Baker）

推 荐 序

自闭谱系障碍[①]至今病因不明，但达成共识的一个核心缺陷是，在社交沟通能力方面的障碍。这种缺陷使个体缺乏恰当的社交技能，难以良好地适应各种社交情境，即使心中怀抱着与人沟通交流的强烈意愿，也"常常碰壁"，在社交场合无所适从、不知所措。即使是高功能个体，他们的沟通能力比起同龄典型发展个体而言，还是存在很多差异。因此，对自闭谱系障碍儿童的教育干预的核心会聚焦在改善提高社会交往和沟通技能上。

近年来，华夏出版社为国内读者引进了一批关注自闭症儿童社会性交往、沟通交流、语言行为的图书，这其中就有杰德·贝克博士（Jed E. Baker, Ph. D.）的数种相关著作。他的这本手册《社交技能培训手册：70节沟通和情绪管理训练课》实用性强，内容涵盖了从社交技能培训的评估和策略、技能泛化、行为管理到通过敏感度训练促进同伴接纳等，对于社交技能的教学环境如何选择、如何组织教学以及教授哪些社交技能等方面都给出了具体指导，为自闭谱系障碍和相关障碍儿童的老师、家长提供了有益的参考。

这本书的特点在于：

一、作者根据七年的社交技能训练经验，归纳出包括70项社交技能的菜单。这个菜单既可以当作评估表，也可以用来设计训练课程主题。

二、技能训练采用以结构化教学法为核心的教学模式，但又不固着于结构化。按照自闭谱系障碍儿童的特点编写训练步骤，既让他们有正式学习的时间，也有宽松灵活的练习时间。

三、突出强调了其他研究者鲜有涉及的语用性语言技能，帮助儿童辨识非言语信号、分析语境，使其社交反馈更加得体。

四、作者提供的训练方法具体明了，易于直接借鉴，可操作性强。译文通顺流畅、简洁自然。版式设计清晰合理、便于阅读。

希望能有更多自闭谱系障碍儿童可以从科学实用的干预训练中受益，也期待大家在阅读和使用这本手册的过程中结合我国的国情和文化特征来思考，灵活应用，关注每一个自闭谱系障碍儿童的个性和独特需求，同时也关注对社交沟通的"对象"的干预和支持。

华东师范大学

苏雪云

[①] 编注：英文全称是 Autism spectrum disorders，简称 ASD，国内又译为"孤独症谱系障碍"。

目　录

简介 ··· 1

第1章　阿斯伯格综合征儿童社交技能训练小组 ·· 3

第2章　阿斯伯格综合征概览

　　　　布伦达·史密斯·迈尔斯 ··· 5

第3章　社交技能训练相关评估 ··· 11

第4章　社交技能教学策略 ·· 21

第5章　在哪儿进行社交技能训练：班级、小组、结伴玩耍 ······································ 30

第6章　行为管理 ··· 41

第7章　促进技能泛化 ··· 48

第8章　社交技能训练课及训练活动 ··· 56

第9章　通过敏感性训练及激励计划提高同伴接纳度 ·· 200

社交技能训练课及训练活动清单

沟通技能

对话技能

技能 1	不侵犯个人空间	60
技能 2	倾听姿态	62
技能 3	语音语调	64
技能 4	打招呼	66
技能 5	插话的方法和时机	68
技能 6	紧扣话题	70
技能 7	保持对话	72
技能 8	轮流讲话（回问法）	74
技能 9	发起对话	76
技能 10	加入对话	78
技能 11	结束对话	80
技能 12	不懂就问	82
技能 13	说"我不知道"	84
技能 14	介绍自己及他人	86
技能 15	认识新朋友	88
技能 16	引出大家感兴趣的话题	90
技能 17	给讲话内容提供背景信息	92
技能 18	转换话题	94
技能 19	别说太久	96
技能 20	敏感话题	98
技能 21	恭维别人	100
技能 22	对话四原则：声音愉悦、目光接触、交替轮流、保持距离	102
技能 23	对话四要素：时机、打招呼、开场提问、进一步追问	104

合作游戏技能

技能 24	请别人一起玩	106
技能 25	加入别人的游戏	108

- 技能 26　做出让步 ······ 110
- 技能 27　分享 ······ 112
- 技能 28　轮流 ······ 114
- 技能 29　玩游戏 ······ 116
- 技能 30　输了怎么办 ······ 118
- 技能 31　赢了怎么办 ······ 120
- 技能 32　结束游戏活动 ······ 122

友谊管理

- 技能 33　正式与非正式行为 ······ 124
- 技能 34　尊重个人边界 ······ 126
- 技能 35　事实与观点（尊重他人观点）······ 128
- 技能 36　共享朋友 ······ 130
- 技能 37　用积极的方式获取关注 ······ 132
- 技能 38　不做"规则警察" ······ 134
- 技能 39　乐于助人 ······ 136
- 技能 40　什么时候告状 ······ 138
- 技能 41　谦虚 ······ 140
- 技能 42　约会 ······ 142
- 技能 43　恰当的接触 ······ 144
- 技能 44　应对同伴压力 ······ 146
- 技能 45　应对谣言 ······ 148
- 技能 46　给朋友打电话 ······ 150
- 技能 47　接电话 ······ 152

情绪管理技能

自我调节

- 技能 48　识别情绪（培养情绪意识）······ 154
- 技能 49　情绪温度计 ······ 157
- 技能 50　保持冷静 ······ 158
- 技能 51　解决问题 ······ 160
- 技能 52　生气时找人倾诉 ······ 162
- 技能 53　应对家庭问题 ······ 164
- 技能 54　理解愤怒 ······ 166
- 技能 55　应对错误 ······ 170
- 技能 56　应对作业难题 ······ 172
- 技能 57　尝试新事物 ······ 174

共情

　　技能 58　关心他人的感受（学前—小学）··176
　　技能 59　关心他人的感受（青春期前—成人）······································178
　　技能 60　安慰朋友···180
　　技能 61　维护自己···182

冲突管理

　　技能 62　接受别人的拒绝··184
　　技能 63　应对嘲笑（学前—四年级）···186
　　技能 64　应对嘲笑（五年级及以上）···188
　　技能 65　应对嘲笑还可以怎么说···189
　　技能 66　应对落单···190
　　技能 67　避免被"陷害"（另见"应对同伴压力"）····································192
　　技能 68　用积极的方式提出批评···194
　　技能 69　接受批评···196
　　技能 70　保持尊重的态度··198

简　介

本书的写作动力，来自我所从事的与阿斯伯格综合征（Asperger Syndrome, AS）及相关广泛性发育障碍学生有关的工作。严重的社交困难是这些障碍的一个固有特征，哪怕个体的智力水平完全正常甚至超常。每当有学生遇到社交方面的问题，我都会着手给他们设计清晰易懂的课程，教他们要怎么做、怎么说才能避免问题的发生。

当这样的课程积累到70多课时，我开始将它们运用到我的新工作——新泽西州米尔本校区特教学生社交技能训练主管——之中。我发现，这些技能步骤不仅可以帮助具有广泛性发育障碍（如阿斯伯格综合征）的学生，对其他遭遇此类问题、在社交场合无所适从的学生也很有帮助。同样地，我也倡导专业人士少操心学生在诊断方面的问题，多关心他们在社交技能上的困境，进而针对薄弱环节展开训练。下面是我的技能训练观以及对本书结构的简要介绍。

所有的社会交往以及社交问题都至少涉及两个人。社交困难既可以解释为具有社交障碍的学生在社交技能上有所欠缺，也可以理解为同伴对该学生的接纳度存在问题。因此，我们的技能干预必须同时面向障碍学生和他们的普通同伴。但在现实中，我们往往只着力于"修正"障碍儿童，对可能正在漠视、嘲笑或排斥该儿童的普通同伴却几乎无所作为。而且，以普通儿童为对象的干预很可能见效更快，因为比起让障碍儿童学习更好地与同伴交往，让普通儿童学习理解障碍儿童会相对快捷。

与之相应的，我也相信，对阿斯伯格综合征及相关广泛性发育障碍个体而言，有效的社交技能训练至少应包括以下四个部分的内容：

对特殊需要学生：

1. 通过社交技能训练课，弥补社交技能的不足
2. 通过各种活动及激励计划，促进社交技能在所需情境中的泛化及运用

对普通同伴：

3. 通过敏感性训练课，提高对特殊需要学生的接纳度
4. 通过各种活动及激励计划，促进敏感性技能在所需情境中的泛化及运用

本书侧重对上述第1部分系统阐述，涉及70项技能的训练内容以及相应的活动推荐，帮助社交障碍儿童和青少年提高技能。但在这一内容之前，我们先对社交技能训练及相关问题做了总体的介绍。

第 1 章解释了社交技能训练小组的成立背景。值得注意的是，训练小组不是社交技能训练的唯一形式，正如第 5 章所言，技能训练也可以在家进行，由家长陪同或以结伴玩耍的形式展开，还可以在普教课堂里进行。由布伦达·史密斯·迈尔斯（Brenda Smith Myles）撰写的第 2 章，是对阿斯伯格综合征症状的一个综述，重点突出了社交技能方面的问题。第 3 章，我们谈到怎样确定技能训练的目标，以及在组建训练小组时，如何选择目标学生。这一章的核心是"社交技能菜单"（Social Skills Menu）。"菜单"罗列了本书涉及的所有技能项目，这些项目的具体情况会在第 8 章详细展开，这里，我们用它来评估儿童个体的技能需要，确立训练目标。

第 4 章讨论的是技能教学的诸多策略，特别强调了"结构化学习"法（McGinnis & Goldstein, 1997）。这一方法包括四个部分：（1）讲述教学，用言语或图像解释技能步骤；（2）示范，现场演示运用技能的方法；（3）有反馈的角色扮演，让学生体验完整的技能步骤并接受纠正性反馈，直到能准确运用该项技能；（4）组外练习作业。

第 5 章介绍了可以进行技能训练的场所：普教课堂、训练小组、结伴玩耍中。如果是在课堂里进行，结构化的训练课应该安排在一周之初，然后在余下的几天里，通过特定的对话和游戏活动练习技能。如果是在训练小组中，那么除了正式的技能教学时间，课上还会穿插几段不那么结构化的、比较自然的技能练习时间。小组训练课的时间安排通常遵循如下顺序：

· 对话时间

· 技能时间

· 游戏时间

· 零食时间

如果是结伴玩耍或以家庭为基础的其他活动，通常应预先完成技能的教学，临约会前再进行技能的演练，最终在约会中实现技能的运用。

第 6 章谈到了行为管理的策略，这些策略既可以用于小组训练，也可以用来处理家庭和课堂内的问题行为。第 7 章讨论了技能泛化这一重要主题，除了训练课上的技能泛化，我们还可以通过哪些途径最大化地实现技能的泛化。第 8 章包含了所有技能课的教学讲义，在这里，技能被一一分拆成不同的部分，解决的是教什么的问题，因此可作为技能教学的指导材料。此外，每一份技能讲义还对应一份活动推荐，就如何在家中和课堂进行技能练习、促进技能泛化，给家长和老师提供了很多建议。最后，我们在第 9 章谈到了如何对普通同伴进行敏感性训练，以及如何通过激励计划提高同伴接纳度的问题。除了谈及有助于促进敏感性技能泛化的奖励计划，我们还展示了几个敏感性训练课的范例。[1]

---

[1] 编注：关注微信公众号"华夏特教"，即可在线浏览或下载该书参考文献目录。

第1章

阿斯伯格综合征儿童社交技能训练小组

某天下午,一个阿斯伯格综合征儿童社交技能小组开班在即,我和我的治疗师同事正坐等第一课的开始。三位12岁的男生静悄悄地走进了教室。他们回避一切目光接触,一句话不说就坐了下来。一个11岁的男孩,小组中年纪最小的孩子,突然打破沉默:"那是1944年,盟军对诺曼底发起了猛攻……"他扭捏着英式口音,一开口便停不下来。而其他孩子要么坐着傻笑,要么一脸不满,对眼前这堂二战历史课显然无感。我们这位小朋友完全清楚自己的阿斯伯格综合征诊断,但他在那一刻的表现却让我们看到训练小组的意义:社交技能正是一场始于1944年的战役(或许汉斯·阿斯伯格恰好在这一年发表文章论及这一日后被冠以其姓氏的综合征并非偶然)。

我成立训练小组的初衷很简单:为组员们创造一个安全的环境,给他们一种有所归属的感觉,消减他们在小组之外感受到的社交孤立感。但我的治疗师同事却志向远大:开发技能课程,让孩子们一步一步学会与组外人员相处。事实证明,这两个目标最终都圆满实现了。技能训练课清晰地告诉他们在不同社交场合应该如何说话、如何行动,掌握这些社交的基本构成,不仅帮助他们发展了组外的人际关系,也让他们彼此之间的联结更加紧密。比如,对我们的二战军事小迷弟,我们教他怎样在小组内发起会话,比如"这周你过得怎么样?""下课后打算做什么?"我们练习怎样"与"他人保持对话,比如提出与话题相关的问题、做出与话题相关的评论,而不是一味"对"他们讲话。我们还教他留心别人对话题的兴趣程度,怎样判断别人是否愿意继续听下去(见"说话简洁别人才会听")。如果没有学过"说话简洁""发起会话"这些具体的技能,他可能还在没完没了地自说自话,将自己孤立于小组成员之外呢。

这些年来,社交技能训练的方法层出不穷。行为学派的方法强调结构化的课程,训练者在课堂式的环境中,通过讲解和示范,教学生应该怎么做(McGinnis & Goldstein, 1997)。相比之下,发展学派的方法(Greenspan & Weider, 1998)更强调跟随学生的引领,而不是引领学生,让学生在更加自然的环境中自发地使用技能。我个人一向比较倾向于两者的结合,即结构化的技能训练和比较"自然"的互动缺一不可。无论是在训练小组、结伴玩耍还是较大的课堂中,技能训练都需要有正式的技能学习时间,也需要有不那么结构化的、较为自然的技能练习时间,即玩耍或聊天的时间。比如,小组训练课通常的做法是,一段对话时间,加一段技能时间,再加一段游戏时间。游戏可以是一般的桌面或纸牌游戏(与学生年龄相适应),也可以是特别适合训练言语和非言语沟通技能的游戏活动,比如猜哑谜、"20问"之类的猜测游戏。总之,要让参与者先学习一项技能,然后有机会在与他人的

"真实"对话或游戏中练习该项技能，这是很重要的一点。从这个意义上说，训练小组可以说是外部世界的一个浓缩，让成员得以在宽容接纳的氛围中尝试各种新的技能。

自那次第一节课以后，一晃已近七年。在这期间，我组织并主管了 40 多个这样以阿斯伯格个体为对象的训练小组，小组成员年龄各异，下至 4 岁幼童，上至 20 岁左右的年轻人。每一次课、每一个小组，我都会根据参与者的需要，或设计新的技能步骤，或借鉴他人的方法（Gajewski, Hirn & Mayo, 1998; McGinnis & Goldstein, 1997）。这些技能现在汇总在"社交技能菜单"（见第 3 章）之中，我既用它来评估潜在学员的社交技能水平，也用它来设计个别化的训练课程。

多久才能看到进步？

我的训练小组以 12 周为一个周期。12 周满，老学员可以结课离开，或继续下一周期的训练，新学员也可以中途加入。一般学员的在训时间为一年左右，出现进步通常要在 12~24 周以后（根据家长和老师对每项受训技能表现的评分）。总的来说，学生的概念理解能力越强、练习机会越多，就越能将所学技能泛化到小组之外，也就越早显现出训练的效果。

但你也要知道，并非所有问题都可以通过社交技能训练来解决。教学生怎么做，以及为什么那么做，并不能保证他们一定能够做到。比如，极端冲动的个体，就可能还需要接受行为管理方面的训练和/或药物治疗，才能很好地运用所学技能。

虽然如今不再是 1944 年，诺曼底突袭也成为历史，但社交世界依然是很多阿斯伯格学生的战场。他们中的一些人，每天都在学校频繁遭受各种社交上的孤立，被忽视，被侵扰，甚至被赤裸裸地排斥。因此，能在社交技能小组这样一个安全的地方，与其他学生建立连接而不至于遭受嘲讽，会成为一份特别珍贵的体验。

从家长或教育者的角度来说，社交技能小组的一个重要目标，是让孩子学到社交技能，更好地为大家所接受。但从小组成员的立场来说，在小组中找到朋友、和朋友在一起，可能才是最重要的，具体学什么反而无所谓。请记住，一个有效的训练小组不应该只是一个课堂，它还必须是一个让成员感到安全和愉悦的场所。

在开始讨论技能评估和具体的技能训练之前，我们不妨先来读一读由布伦达·史密斯·迈尔斯撰写的第 2 章的内容，大致了解一下阿斯伯格综合征儿童和青少年在社交技能上需要面对哪些挑战，以及这方面的不足会如何阻碍他们过上成功而令人满意的生活。

第2章

阿斯伯格综合征概览

布伦达·史密斯·迈尔斯

自从"阿斯伯格综合征"被收入美国精神医学学会（APA）发布的《精神障碍诊断与统计手册（第4版）》（1994）[①]之后，人们对它的认识也随之提高。但时至今日，我们对这一特殊需要，对如何实施干预，从而帮助阿斯伯格儿童和青少年适应学校、家庭和社区的生活，还有待于进一步的探索。"阿斯伯格综合征"是指个体存在以社交问题为主的一组相关症状，但其智力和语言表达能力处于平均水平，甚至高于平均水平。阿斯伯格综合征个体的语言，在结构性方面（比如语法、词汇及发音）往往都完好无损，有的甚至超于常人，但在社会性使用方面（比如对话技能）几乎无一例外地存在障碍。而且，这些个体往往（但不绝对）会有些特别的兴趣爱好，在强度或专注度上也异于常人。比如，有些学生可以自说自话滔滔不绝地罗列极其冗长的事实，却很难与人进行双向的对话沟通。12岁的阿斯伯格男孩约翰，对美国在内战中使用过的武器如数家珍，甚至熟知一些非常冷门的细节，可以一连讲上好几个小时。在他的理解中，对话就是把他的这个特殊爱好讲给周围的人听。当他的"交谈对象"表示希望换个话题时，他一概置之不理，继续若无其事地谈他的武器问题。

2000年《精神障碍诊断与统计手册（第4版修订版）》（DSM-IV-TR; APA）对阿斯伯格综合征的描述主要涉及两方面的症状：（1）在社会交往方面存在质的缺陷（比如存在非言语沟通障碍或无法建立同伴关系）；（2）局限、重复而刻板的行为、兴趣或活动模式（比如专注于某种局限性的兴趣模式、刻板地遵循无实用功能的常规或仪式）。此外，书中还明确指出，阿斯伯格综合征不涉及语言或认知发展的明显迟滞。这就将阿斯伯格综合征与更为"典型"的孤独症区别开来，后者通常存在语言及认知发展的迟缓。但阿斯伯格综合征与"高功能孤独症"的区别依然不明显，因为高功能孤独症个体也可能会有平均甚至高于平均的智力水平。

阿斯伯格综合征、孤独症、注意力缺陷多动障碍（ADHD）以及非言语性学习障碍（NVLD）之间的界限有时并不分明。人们也因此而争议不断：阿斯伯格综合征属于孤独症谱系障碍连续体的高端，还是与孤独症有着本质区别的另一种障碍？很多阿斯伯格儿童和青少年都存在注意力方面的问题。事实上，他们中的很多人一开始往往被诊断为ADHD（Myles, Simpson & Becker, 1994—1995），

[①] 编注：在2013年5月APA发布的第五版（DSM-5）中，取消了之前的孤独症"分组"，之前分组中包括的阿斯伯格综合征等不再独立出现，而被统一称为"孤独症谱系障碍"（Autism Spectrum Disorders, ASD）。

因为我们很难判断他们的注意力问题更多是因为他们选择注意或过度关注他们的强迫性兴趣、感觉问题或内心想法，还是 ADHD 常见的注意力保持问题。

比如，我们很难知道玛莎是否在认真听课。表面上看，她一脸专注地看着老师，但每次想让她回答问题，老师都要反复叫她的名字。而且，每次站起来，她都会回答某个飓风的名称，那是她的特殊兴趣之一。有时，玛莎会不停地扭头转身，老师问她在做什么，她会说她在听小鸟唱歌或建筑施工。老师常常为此而惊讶，因为自己完全没有意识到这些噪声的存在。

所以，阿斯伯格综合征的注意力问题与 ADHD 的注意力问题可能完全不同，但外在表现却十分相似。

最后，大多数阿斯伯格个体都会表现出非言语性学习障碍的问题，但较典型的孤独症个体则基本不存在这样的问题。目前为止，我们仍不清楚 NVLD 是属于 AS，还是独立于 AS 但存在相同的症状表现。关于阿斯伯格综合征的定义以及它与其他障碍的交叉，我们在此不做展开，感兴趣的读者可以参阅相关的研究报告（Klin, Volkmar & Sparrow, 2000）。

虽然阿斯伯格综合征的诊断会让一些问题更加明晰，也为阿斯伯格个体的干预指明方向，但最终哪些服务或措施会有效，还要看个体具体有怎样的强项和弱项。虽然研究者和从业人员已经认识到阿斯伯格个体普遍存在社交方面的特殊需要（Attwood, 1998; Barnhill, Cook, Tebbenkamp &Myles, 2002; Wing, 1981），但大家依然很不重视对他们进行社交技能评估，不重视开发正式的课程来满足每个个体的独特需要。究其原因，可能在于大众对社交技能教学缺乏关注。我们有的是学业标准，考核的是学业成绩，甚至教育者的义务也只在于解决语文、数学和其他核心的学科问题。社交技能教学的缺失，可能还与人们对社交技能缺乏认识有关——不理解社交技能的复杂性，不知道社交障碍会给儿童和成人带来怎样毁灭性的影响。社交技能普遍存在于游戏、群体互动、作业、合作学习之中，可以说，几乎所有任务和活动都需要用到有效的社交技能。事实上，只要房间里同时有一个以上的人存在，就需要用到社交技能（Bieber, 1994）。

本章将简要论述阿斯伯格儿童和青少年在社交技能上面临的挑战，强调这方面的缺陷将如何阻碍个体潜能的充分发挥。阿斯伯格人士的很多社交技能问题都与他们不能很好地提炼环境中的意义有关（Twachtman-Cullen, 1998; Winner, 2002）。虽然社交技能缺陷在阿斯伯格个体中的普遍存在已经被熟知这一综合征的人们所公认，但那些不十分了解它特征的人却不一定能一眼看出某些阿斯伯格学生在这方面存在问题。事实上，阿斯伯格儿童和青少年的一些行为很容易误导老师、心理健康专业人士和家长，让他们对学生的能力产生高于实际的认知（Myles & Southwick, 1999）。卖弄或学究气的说话方式、高阶的词汇、无可挑剔的语法、不着痕迹的死记硬背，往往都能掩盖技能上的缺陷（Wing, 1981）。总的来说，阿斯伯格综合征对社交的影响主要涉及非言语互动、双向互动、推断他人心理、问题解决、抽象或推理思维、压力以及缺乏自我认知等方面。

非言语互动

在理解对话或社交情境的过程中，非言语信号的作用不亚于言语信号。身体姿势、手势、面部表情、语气、距离远近、目光接触，无一不是微妙的沟通方式，帮助（有时也干扰）我们理解人们的言语表达。阿斯伯格儿童无法处理对话中出现的非言语信号，也就意味着他们接收到的信息是不完整的。哪怕学生表面看来能理解非言语信号，事实也未必如此（Barnhill 等人，2002）。也就是说，阿斯伯格个体也许能说出某种表情的名称以及表情本身的意义，但往往不能整合所有的非言语信息，立足于具体的对话情境来解读它们的意义（Koning & Magill-Evans, 2001）。有时，即使能主动寻求社交，他们也会因为无法理解社交行为——目光接触、人际距离、面部表情、手势、身体姿势等——规则，而遭受社交上的孤立（Myles & Simpson, 2001）。

双向互动

阿斯伯格医生在根据自身临床经验所撰写的报告（1944）中指出，他所研究的儿童在社交关系中遭遇了重重困境。具体来说，他们有一个标志性的特征，即不能建立和保持社交关系。也就是说，他们在双向的社交互动方面存在问题。不能与同伴互动表现在三个方面：（1）对社交信号缺乏理解；（2）倾向于具体而刻板地理解字词；（3）语言理解存在问题。除此以外，阿斯伯格个体往往还表现出笨拙的社交方式，存在单向的社交行为，也很难准确地觉察他人的感受或体会他人的立场。这些儿童不懂轮流，要么霸占话题说个不停，要么很少或完全不参与对话。他们还会出现异常的语音变化，也会不恰当地重复与情境无关的语句。

很多阿斯伯格个体无法自然领会大家习以为常的社交规则，比如别靠人太近、别盯着人看。这些个体之所以出现双向互动问题，可能是因为他们无法理解并运用支配社交行为的各种规则。通常，阿斯伯格综合征个体不知如何发起并/或保持对话、不懂怎样关注他人对交谈内容的兴趣，也不会使用礼貌的言语和非言语信号来表达自己，或接收理解他人发出的此类信号。研究显示，阿斯伯格儿童在尝试判断互动伙伴的情绪状态时较少使用社交信号（Koning & Magill-Evans, 2001）。也就是说，他们在交往中可能只看着对方的嘴巴就开始解读他的话语了，而完全不考虑他的手势、语气以及面部的其他表情。

推断他人的心理

阿斯伯格儿童和青少年很难理解他人的感想、体会他人的感受（Barnhill, 2001），这种表现通常被称作"心盲"（mind blindness）或"心理理论缺陷"（Howlin, Baron-Cohen & Hadwin, 1999）。存在心理理论障碍的个体通常：（1）难以判断他人的意图；（2）不理解自身行为对他人的影响；（3）存在互动困难。

不理解自身行为对他人的影响可认为是对因果关系缺乏理解。比如，阿斯伯格青少年会说一些他们认为的"实话"，而不理解这些话怎么会伤及他人。他们可能会对同伴说"你的痘痘真恶心"，或者跟老师说"你好胖"，结果自然是被孤立或被训斥，可他们却一头雾水。在他们看来，自己不过是与人"分享"了事实，与其他人平时发表评论并无不同。同样，阿斯伯格儿童可能也无法理解，如果她一味谈论木管乐器的构造问题，别人就不想和她玩了，因为她不理解伙伴们会觉得这个话题很没意思。

阿斯伯格儿童和青少年普遍存在心理理论方面的缺陷，但我们对此还理解得不够充分。一些研究者认为，阿斯伯格个体在心理理论上的缺陷程度可能存在差异，有些人也许能够完成心理理论技能的模拟演练，但不一定可以将其运用到真实的社交情境中去（Ozonoff, Pennington & Rogers, 1991; Ozonoff, Rogers & Pennington, 1991）。

问题解决

对于某个特定的问题情境，阿斯伯格儿童和青少年往往不能想出多个解决方案。因此，他们在选定一个方法之后，很可能一用到底，全然不顾结果如何。也就是说，方法好不好用，对他们没有任何影响。如果好用，他们以后也不会多用。如果不好用，他们也不会少用或不用。

通常认为，阿斯伯格学生的机械记忆能力强，所以学习问题解决技能比较容易。事实上，他们大部分人的确能轻松背出解决问题的各个步骤，但这种背诵能力通常无法转换成实际的运用能力。

就算学会了解决问题的方法和步骤，很多阿斯伯格儿童和青少年依然会遭遇信息检索的问题。因为难以在记忆中搜索某个具体的信息，这些学生很可能无法找到已经记住的方法和步骤。也就是说，尽管能背诵好多解决问题的策略，也知道它们可以被运用到不同的情境之中，但在需要的时候，他们依然什么都想不起来。当学生在认知上意识到出现问题的时候，他们通常会感到迷茫、生气或无所适从，这些情绪又会进一步影响检索和运用问题解决策略的能力。

6岁的托德已经学习了对同伴发起游戏的方法，既能背出相关的规则，也能在模拟训练中遵循这些规则。但当他有机会使用这些技能，在操场上邀请同伴一起游戏的时候，他却似乎完全想不起这些方法了。结果，他又气又恼，居然出手打了那位原本有机会成为朋友的同学。他这样做并不是生对方的气，而是除了生气，他不知道还能做什么。

抽象或推理思维

当社交情境中有些意思没有讲得很直白、需要稍作推理或推论的时候，阿斯伯格儿童和青少年常常会发生误读。确切地说，他们经常在以下方面遭遇困难：

· 理解与抽象概念有关的语言
· 明白并正确使用隐喻、习语、寓言、讽喻等修辞格
· 进行推理
· 领会反问句的意思和意图（Church, Alisanki & Amanullah, 2000）

由于老师、家长和其他人都习惯使用这些常用的沟通手段和方法，所以，这方面的缺陷会给阿斯伯格学生的社会交往产生负面的影响（Myles & Southwick, 1999）。

由于阿斯伯格儿童擅长机械记忆，我们往往很难发现他们其实并不理解较高层次的概念。通常，他们会从交谈中学到一定的词语和短语，然后生搬硬套地用于自己的表达。他们的理解力看似达到了很高的水平，但其实只停留在事实的层面。16岁的梅根是一位阿斯伯格人士，也是我们社交技能小组的学员。在训练课之前，她对身边的同学说："我很担心我的社交技能。我觉得它们会对我产生不利的影响，让我无法过上丰富而充实的生活。"这话听来颇有见地，却不过是从她父母那里听来的原话。实际上，她觉得自己的社交技能还不错，但毕竟来了社交技能小组，于是就有了这么一说。

压　力

很多阿斯伯格个体几乎时时刻刻都在遭受压力和焦虑困扰（Kim, Szatmari, Bryson, Streiner & Wilson, 2000; Myles & Southwick, 1999）。想和别人玩却束手无策，不知道老师对他的作业是否满意，

想听老师的话却不懂他在说什么，同学们笑成一片而他不知道笑点在哪儿……阿斯伯格儿童和青少年每天都在面对这样的压力处境。

阿斯伯格儿童常常会为一般人觉得无所谓的小事紧张焦虑，例如，在取餐队伍里感觉别人侵入他们私人空间的时候，或者，当他们发现自己需要同时参加好几项社交活动的时候。

最后，兴奋情绪往往也会导致与焦虑相同的反应。很多儿童会为即将到来的活动兴奋过度，或对要去一家新餐馆而忧心忡忡，比如，只是因为不知道那里会有哪些菜品。这种高亢的情绪最终可能导向情绪上的崩溃或行为上的退缩。虽然前一种情况涉及的是愉快的事，而后一种情况多少有些消极，但在阿斯伯格儿童看来却完全一样。

缺乏自我认知

除了不理解他人的心理，有证据表明，阿斯伯格儿童和青少年对自己的情绪和行为也缺乏理解。比如，巴恩希尔（Barnhill, 2000）等人研究发现，阿斯伯格青少年的自我感知明显不同于父母和老师对他们的感知。具体来说，家长们报告称，他们的子女存在明显的焦虑、抑郁、退缩症状以及注意力和行为问题；老师们则报告称，他们也发现学生存在家长指出的那些行为问题，但没那么严重。与之形成鲜明对照的，是学生们的自我报告显示他们没有意识到这些问题的存在。康宁（Koning）和马吉尔－伊文思（Magill-Evans）的研究（2001）也有类似的发现，他们所研究的阿斯伯格青少年"对自己在其他（社交）领域的困难认识不足，总的来说，对他们的总体社交能力仍然相对乐观"。这与家长和老师的看法完全相反。缺乏自我认知会影响自我管理，也就是说，如果学生压根儿没有意识到自己处于压力之中，又怎么知道他们需要安抚自己或要求离开让他们焦虑的环境呢？

自我意识也会影响与他人的互动（Faherty, 2000）。正如之前提到过的，社交中的轮流活动是阿斯伯格个体的一个弱项。所以，他们会在聊天时不顾及交流伙伴的意愿，全神贯注地谈论自己感兴趣的特殊话题。有些孩子在对日常小事发表看法时常带火气，完全意识不到那样的声音会让人以为他心有不满。

自我意识意味着知道自己在哪些方面比较强，在哪些方面需要帮助。很多家长会仔细斟酌是否告知孩子他/她有阿斯伯格综合征。把阿斯伯格综合征的常见特征告诉孩子，是比较可取的做法。因为这样做有很多好处，包括提高孩子的自我意识。比如，孩子会知道自己比较难以理解长句子，所以在听长句子的时候，会提醒自己听得更加仔细，或请你把要求写下来。在这里，讨论"阿斯伯格综合征"本身并不重要，帮助孩子理解自我才是目标。

有些孩子在知道自己的阿斯伯格综合征不仅带来挑战也赋予优势之后，会从心底感到释然。而那些对自身障碍一无所知的学生，在感受到别人的排斥之后，往往会产生比较消极的自我认知。知道是"阿斯伯格综合征"给他们带来诸多挑战，可以帮助他们接受自我并保持积极的自尊。

可以从谈论个人的长项和弱项来引出这一话题——找出他比同龄人强的方面，也指出有待提高的地方。此外，讲一讲战胜挑战取得成功的名人故事也是个不错的选择（见第9章"通过敏感性训练及激励计划提高同伴接纳度"）。

小　结

　　社交技能影响着我们日常生活的每一个方面。在自己家、在工作场所、在朋友或同事家里、在超市或邮局，我们都会用到社交技能。儿童也一样，除了以上场合，他们在学校、在与同伴的玩耍中、在社区里也都要用到社交技能。很多儿童的社交技能似乎与生俱来，他们很自然就能交到朋友，也能很好地保持友谊。阿斯伯格儿童和青少年的情况却并非如此，他们也想交朋友，可似乎总是不得要领。社交技能是关系人生能否成功的一个重要因素。我们要确保阿斯伯格儿童能掌握社交的技能、懂得社交的规则，以弥补那些不能自然获得的能力。社交技能训练是实现这一目标非常重要的一步，它可以帮助儿童和青少年掌握技能，弥补不足，最终走上成功的人生道路。

第 3 章

社交技能训练相关评估

我很少为了得出诊断结果而做评估，因为诊断本身能告诉我的信息很少。我的评估，通常要实现三个目标：(1) 确定学生需要学习哪些社交技能；(2) 教授社交技能最有效的策略是什么；(3) 教授社交技能时最宜采用哪一种治疗模式（比如，个别治疗还是小组治疗）。基本上，为了得出以上问题的答案，我需要从评估中获取两条信息：孩子的接受性语言能力如何？注意力水平如何？知道**语言能力**如何，才知道应该采用哪一种教学策略；知道**注意力水平**如何，才能决定采用一对一教学还是小组教学。

接受性语言能力

"接受性语言能力"是指理解语言的能力。语言理解困难通常被称作"语义性语言障碍"，涉及的是词义理解上的问题。但很多阿斯伯格个体在理解他人意思方面没有问题，他们的问题在于语用方面。"语用性语言能力"是指语言的社会性使用，比如发起或维持对话所要用到的语言能力。举例来说，阿斯伯格个体可能表现出相当完好的语言能力，不论是自我表达还是理解他人都没有问题，可一到社交对话就麻烦了。他们只会自己讲自己的，不会与人交流，只会生搬硬套从电视节目里听来的事实性信息或语句，而不会对听者的言行做出反应。

但确实有一些阿斯伯格个体存在语义性的语言障碍，他们很难理解词语的意思，尤其是抽象词汇、比喻或谚语的意思。比如，当他们听到"别让小猫钻出袋子"时，会四下寻找小猫和袋子，而不理解这句话的象征意义是不要泄露秘密、破坏惊喜。他们也可能不理解最基础的词汇，比如"上、下""这里、那里""大、小""在顶上""在下面"，等等。不理解这些词汇的意思，也就很难听从言语性的指导。

在公立学校，为了测定学生是否需要特殊教育服务，心理学家会对学生进行智力评估以得出若干项 IQ 分值（全量表 IQ、言语 IQ 和操作 IQ）。通过言语 IQ 值，再加上一轮面试，一般就可以判断学生的接受性语言能力了。言语 IQ 值处于平均或平均以上水平、能够听从言语指导的学生更能够适应概念化的教学方式，也就是说，我们可以用语言向他们解释为什么要使用某一项技能以及怎样使用该项技能。如果没有测得言语 IQ 值，也可以通过面试判断学生是否能够听从言语指导。

比如，你对小乔说："走到妈妈那里，说'你好'，再跟她握握手。"如果他能照办，我们就知道他可以听从比较简单的言语指导。那么，再试试更加抽象的指令，比如"说说你今天早餐吃了什么"（这个指令比较抽象，因为此刻他的眼前并没有早餐，他必须先在头脑里回想或具象化早餐的样子，再做出回答）。如果他能回答，我们就知道他不仅可以听从言语指导，还能想象不在眼前的事物。这样的话，我们就更容易使用言语性概念来教他社交技能了，因为言语性概念会提到不在眼前、必须在头脑中想象的事物。比如，我们会告诉学生，在插话前要先等别人停止讲话（"暂停"）——这就是一个不容易看见的抽象概念。对于那些能听懂这些词语所指的学生，通过言语指导来理解这一技能就是可能的。

反之，如果我们对小乔发出言语指令，但他完全不知所谓或不明所以，只会回声式地重复我们的话，那么他将很难通过言语指导来学习技能。对他说插话前先等对方暂停讲话，就变得毫无意义。他可能更适合通过视觉辅助来学习（比如通过图片、视频或直接示范来学习正确的插话方式），也可能需要通过各种方法积累必要的语言能力（比如先理解"暂停"是什么意思）。回合尝试教学法（discrete trial methodology）（见第 4 章）可用来帮助儿童建立必要的语言基础，让他们在以后的教学中听懂指令并做出反应。

注意力水平

正如第 2 章提到，很多阿斯伯格学生都有注意力不集中、冲动和多动的表现，这与注意力缺陷多动障碍的特征相吻合。不过，他们很多人并非真有注意力缺陷多动障碍，他们的问题不在于无法保持注意力。之所以"注意力不集中"，可能是因为他们执着于某个与情境无关的因素。比如，某位学生在上课时醉心于回想他认识的每一种恐龙，以至于无心听讲。表面看来他的注意力似乎是有缺陷的，但事实上问题不在于他的注意能力，而在于他无法停止自己的思想，沉迷于与眼前情境无关的主题。

注意力不集中会让一些学生无法在小组学习中保持必要的专注度。在发展出小组学习所必需的注意能力之前，这样的学生更适合一对一的个别辅导或与另一个孩子结对学习。以我的经验来看，一个学生能否参与小组学习，很大程度上要看他能否在老师的引导下将注意力重新投入到教学内容上来。也就是说，如果他在听到言语提示后或在代币的激励下能够收回注意力，那么我认为他已经有能力参与小组学习了。

比如，在某位少年不能专心听课的时候，我会对他说："眼睛看这里。我希望你这样做……"如果他依然不听，我会说："眼睛看这里。这里有一些游戏纸币，如果你认真听，我就给你发一张。只要集满 10 张，你就可以得到你想要的奖品。"如果这番努力能让他回到学习中认真听讲，那么我就有把握让他在小组学习中也认真听讲。反之，如果通过这样典型的一对一辅导，无论是我还是家长，无论是言语提醒、轻柔的肢体提醒（比如拍拍肩膀）还是代币制，都无法将孩子拉回到学习中来，那么我认为他还无法胜任小组学习。

学员分组

在我的私人诊所里，小组学员通常是被诊断为有这样那样问题的人，因为很少有普通孩子会来参加社交技能训练。我见到的大部分孩子，要么是阿斯伯格综合征，要么有类似的广泛性发育障碍，要么是伴有社交障碍的 ADHD。

训练小组中没有普通同伴不能不说是一种遗憾，但组员之间"同病相怜"也有莫大的好处，这些好处远大于前者带来的缺憾。我自己就总为这些有类似障碍的学生能如此迅速地接纳彼此而感到惊异。他们有许多共同体验，比如被嘲笑、被排斥，也有相似的"强迫性"兴趣。他们中很多人都是第一次感到自己是同龄人群体的一分子。

在分组时要考虑的一个重要因素，是组内成员的接受性语言能力应该保持在一个相对统一的水平。否则，教学就需要用到完全不同的策略，不然就会出现某个学员因为学习内容太过复杂而备感挫败，而另一个学员却因为内容过于简单而感觉无聊的局面。我发现，按能力分组，远比按年龄分组更加重要。所以，在同一个小组中，学员的语言理解能力可能相差无几，但年龄会相差 2 岁之多。比如，约翰比玛丽大 2 岁，但他们都能听懂我的技能讲解，那就可以分在同一组内。反之，如果约翰不理解我的很多用词，听不懂我的言语指导，玛丽却能听懂，那么他们就很难分配在一起，因为他们需要不同的教学策略。

我的训练小组里几乎是清一色的男生，鉴于阿斯伯格综合征在男生中的流行高发（Ehlers & Gillberg, 1993），这种情况不足为怪。就算确实有几位阿斯伯格女生，毕竟也是少数。在青少年小组中，约会是大家普遍关注的一个主题。当男生们争相吸引某一位女生的注意时，情况会变得复杂。我们一方面必须特别注意教导学员尊重他人的个人边界，另一方面也要教他们维护自己，谨防各种冲突的发生。

确定目标技能

一旦家长或老师确认某位学生需要接受社交技能训练，那么，让他们填写"社交技能菜单"（见本章最后）将有助于确定要将哪些技能教给学生。菜单列出了 70 项不同的技能，涉及语言使用（对话技能）、合作游戏、应对自身感受、应对他人感受、应对冲突和嘲笑、友谊管理（比如什么时候应该"告状"、如何用积极的方式获取他人的关注、不当"规则警察"）等各个方面。

阿斯伯格学生的典型问题一般可分为两大类：行为过度和行为不足。**行为过度**包括插嘴、在听者明显不感兴趣时仍执着于谈论某个话题、发表与当前话题无关的评论、侵犯他人的个人空间、拒绝让步、喜欢用规则管人等。**行为不足**则包括不会打招呼、不会回答别人的问题、不会发起或保持对话 / 游戏、忽略他人的感受等。

至于菜单里的各项技能，你可以在第 8 章找到它们对应的技能课讲义，从讲义中你能看到它们的每一个步骤。

个别教学

当家长和老师填写完"社交技能菜单"后，我会让他们挑出其中 10 ~ 12 项他们认为最需要教给孩子的技能，然后我会针对这些技能设计课程。课程会有一个明确的时间限度，一般为 12 周。下面是我为 9 岁男孩贾森设计的课程样本，这些技能都是他父母认为他需要优先发展的技能：

1. 倾听姿态
2. 保持对话
3. 发起对话

4. 加入对话

5. 敏感话题

6. 玩游戏

7. 请别人一起玩

8. 做出让步

9. 保持冷静

10. 应对错误

11. 理解他人的感受

12. 应对嘲笑

这些技能的安排遵循一定的先后顺序，因为技能发展有先有后，某项技能会是另一项技能的必要条件。比如，"倾听姿态"是学生听讲并理解其他所有技能的必要条件，所以排在第一位。然后是对话技能——"保持""发起"和"加入"对话以及避免"敏感话题"，为学生打下与人交谈的基础。我们也会利用每节课开始的小段时间讨论过去一周的大致情况，练习对话技能。接着，我给这位学生安排了游戏技能的训练，因为他从不主动发起游戏，这是另一个需要优先发展的技能。与之相关的是应对挫折的技能，个人认为其中需要最先训练的是"保持冷静"，然后才是"应对错误"和"应对嘲笑"。也就是说，让学生先掌握保持冷静的常规方法，再学习应对各种具体的情绪触发因素。这样，学生在遇到某个具体的情绪触发因素的时候，即使还不知道怎样应对，也能试着保持冷静。最后，我将"理解他人的感受"排在了"应对嘲笑"之前，因为如果对他人的感受有一定的理解，学生可能就不会误认为别人在嘲笑他，也不会用伤人的话来反击别人了。

一般来说，我们安排学生每周学习一项技能，12周学完，但具体还要看学生理解和泛化技能的能力。我们还会在学习新技能的过程中持续练习之前学过的技能，力求保持并完善习得技能的运用水准。对于有接受性语言障碍的儿童，12周的训练时间是不够的。同一项技能，我们可能至少要教3周，才能继续往下教。如果是这样，那么这10～12项的技能教学可能需要贯穿一整个学年。

小组教学

当几个学生（比如4～7人）组成一组一起学习社交技能的时候，如果可能，我们会请每位学生的家长和老师都填写一份"社交技能菜单"。当然在现实中，我们不一定能收齐老师的那一份，因为有的老师实在无暇完成。但无论如何，每位学生至少都应该有一份这样的表格。然后，我会综合所有组员的表格，从中挑出问题频率最高的10～12项技能，制订出最初的小组课程计划——一周一项新技能，历时12周。但具体也要看学生理解和泛化技能的能力。正如上面提到的，如果小组成员存在接受性语言障碍，那么每项技能可能至少需要3周的学习时间。

整班教学

如果是以整个班级的形式参与训练，那么班级老师可以以全班学生而不是每一位学生为单位，填写一份"社交技能菜单"，并标出她认为全班学生需要学习的技能。我会要求老师挑出其中最重要的10～12项作为优先训练项目，然后制定相应的训练课程，并明确课程时限。还是那样，绝大多数情况下，我们会一周学习一项技能，12周完成，但对于个别有接受性语言障碍的学生，同一项技能可能需要持续学习3周。因此，完成全部10～12项技能的训练需要一整个学年的时间。

无论是个别教学、小组教学还是整班教学，一旦确定好课程，就可以进行技能评分了。评分可分为训练前和训练后，目的是追踪进展。具体的做法是，要求家长和老师在训练开始前给学生的这10～12项技能水平打分，每完成12周的训练后再次打分，从而得出学生的进步情况［见本章最后"技能评分表（样表）"］。根据评分结果，我们也可以确定哪几项技能需要在下一个12周内重新安排训练。说实话，对于那些一人负责20名以上学生的普教老师，给每一位学生这样打分确实有难度。在这种情况下，老师可以选几位需要重点进行社交技能训练的学生以及家长特别要求做进展记录的学生进行打分。在小组或个别训练中，家长和老师则可以给每一位学生都打分，每12周一次，持续追踪进展情况。为方便这样的评分活动，我们在本章最后准备了一张空白的"技能评分表"。

社交技能菜单

学生：_____   日期：_____

填表人：_____

（勾选出与学生需要密切相关的项目）

沟通技能

对话技能

__ 1. 与人保持恰当的身体距离（"不侵犯个人空间"）

__ 2. 倾听姿态

__ 3. 语音语调

__ 4. 打招呼

__ 5. 插话的方法和时机

__ 6. 紧扣话题

__ 7. 保持对话

__ 8. 轮流讲话

__ 9. 发起对话

__ 10. 加入对话

__ 11. 结束对话

__ 12. 不懂就问

__ 13. 说"我不知道"

__ 14. 介绍自己及他人

__ 15. 认识新朋友

__ 16. 引出大家感兴趣的话题

__ 17. 给讲话内容提供背景信息

__ 18. 转换话题

__ 19. 别说太久

__ 20. 敏感话题

__ 21. 恭维别人

__ 22. 对话四原则：声音愉悦、目光接触、交替轮流、保持距离

__ 23. 对话四要素：时机、打招呼、开场提问、进一步追问

合作游戏技能

__ 24. 请别人一起玩

__ 25. 加入别人的游戏

__ 26. 做出让步

__ 27. 分享

__ 28. 轮流

__ 29. 玩游戏

__ 30. 输了怎么办

__ 31. 赢了怎么办

__ 32. 结束游戏活动

友谊管理

__ 33. 正式与非正式行为

__ 34. 尊重个人边界

__ 35. 事实与观点（尊重他人观点）

__ 36. 共享朋友

__ 37. 用积极的方式获取关注

__ 38. 不做"规则警察"

__ 39. 乐于助人

__ 40. 什么时候告状

__ 41. 谦虚

__ 42. 约会

__ 43. 恰当的接触

__ 44. 应对同伴压力

__ 45. 应对谣言

__ 46. 给朋友打电话

__ 47. 接电话

情绪管理技能

自我调节

__ 48. 识别情绪

__ 49. 情绪温度计

__ 50. 保持冷静

__ 51. 解决问题

__ 52. 生气时找人倾诉

__ 53. 应对家庭问题

__ 54. 理解愤怒

__ 55. 应对错误

__ 56. 应对作业难题

__ 57. 尝试新事物

共情

__ 58. 关心他人的感受：学前—小学

__ 59. 关心他人的感受：青春期前—成人

__ 60. 安慰朋友

冲突管理

__ 61. 维护自己

__ 62. 接受别人的拒绝

__ 63. 应对嘲笑——学前到 4 年级

__ 64. 应对嘲笑——5 年级及以上

__ 65. 应对嘲笑还可以怎么说

__ 66. 应对落单

__ 67. 避免被"陷害"

__ 68. 用积极的方式提出批评

__ 69. 接受批评

__ 70. 保持尊重的态度

技能评分表（样表）

学校：林肯　　　　　　　　　　　　　　日期：2002.2.24（训练前）

教师：史密斯太太

说明：根据你在不同情境下的观察，对每位学生运用以下技能的情况进行评分；评分标准如下：

1 = 该生几乎从不使用这项技能　　　　4 = 该生经常使用这项技能

2 = 该生很少使用这项技能　　　　　　5 = 该生几乎总是使用这项技能

3 = 该生有时使用这项技能

技能	姓名				
	约翰	盖瑞	山姆	丽莎	卡拉
1. 倾听姿态	2	3	1	3	2
2. 保持对话	2	2	2	2	2
3. 发起对话	3	3	2	2	2
4. 加入对话	1	1	1	2	2
5. 敏感话题	4	4	2	4	4
6. 玩游戏	3	2	2	3	3
7. 请别人一起玩	3	3	3	3	3
8. 做出让步	3	3	2	3	2
9. 保持冷静	3	3	1	4	3
10. 应对错误	3	3	1	3	2
11. 理解他人的感受	3	3	4	3	3
12. 应对嘲笑	2	2	1	2	2

技能评分表

学校：_____ 日期：_____

教师：_____

说明：根据你在不同情境下的观察，对每位学生运用以下技能的情况进行评分；评分标准如下：

1 = 该生几乎从不使用这项技能　　4 = 该生经常使用这项技能

2 = 该生很少使用这项技能　　　　5 = 该生几乎总是使用这项技能

3 = 该生有时使用这项技能

技能	姓名				
1.					
2.					
3.					
4.					
5.					
6.					
7.					
8.					
9.					
10.					
11.					
12.					

第 4 章

社交技能教学策略

对于大部分 8 岁以下的儿童以及言语 IQ 值远低于平均水平的学生，依靠图片、肢体提示和直接示范等手段进行的教学，会比以口头解释为主要手段的教学更为有效。而对于年龄大一点的儿童和接受性语言能力较好的个体，社交技能的教学则可以综合运用各种策略，不仅给他们解释为什么要这样或那样做，还辅以图片、肢体提示和直接示范等更为具象的策略。

比如，有些学生可以借助时间概念（过去、现在和未来）想出不错的对话开场白，"这周你过得怎样？"（过去）"你在玩什么？"（现在）"周末打算做什么？"（未来）等，只要记得问一问与过去、现在或将来有关的问题，他们就能想起好几种不同的开场白。但有的学生却做不到，他们理解不了这种询问过去、现在和未来状况的概念。他们需要更加具体的策略，比如，直接记忆一些具体的开场白句子。

下面给大家介绍几种社交技能训练常用的教学策略，这些策略有的比较具体，有的却相当概念化。

回合尝试教学

大部分阿斯伯格儿童都有良好的接受性语言能力，所以基本用不到像回合尝试教学（discrete trial）这么结构化的方法。但这个方法对接受性语言能力有限的儿童却非常管用，能让他们学会最基础的词汇，为之后听懂言语指导和提问做好准备。另外，当言语指导无法让学生集中注意力的时候，回合尝试教学法可以帮助他们将注意力重新回到学习任务上来。它可以帮助学生保持目光接触，认识物体、动作以及各种形容词。举个例子，假设艾米在听到"走过去，把那个大球拿给老师"这样的言语指令后不知所措，那么她可能需要接受多个回合的教学，分别学会"大""球""老师""走"等词的意义，才能较好地理解由这些词语组成的完整指令。

关于回合尝试教学，本书不做展开，这里给大家简单介绍一下。

一个回合至少由四部分组成：指令、辅助、行为、强化。比方说，我们教艾米学习"大"的意思。**指令**可以是对她说"摸一下大球"（给她看一张图片，图片上有几个小球和一个大球）；**辅助**是手把手将她的手指移到大球上；**行为**则可能是她去触摸大球的图片，但也可能是触摸小球的图片；最后，在她选对大球的时候，给予**强化**，表扬她或给她一个物质奖励。我们可以利用不同的物品（球、玩具、铅笔），采用一大配几小的形式反复进行多回合的练习，直到她可以万无一失地挑出那个大号的物品——说明她理解了"大"的概念。

回合尝试教学是一个高度结构化的方法，对训练者的指令也有着极强的依赖性。严格说来，它基本不能生成自然自发的社会交往，但它可以为有助于促进社会交往的其他训练打下必要的语言基础、培养必要的注意能力。

随机教学

随机教学（incidental teaching）是指在社会交往真实发生时展开教学，而不是通过结构化的课程进行教学。随机教学的目标，是在社交活动展开的过程中，放大周围的社交环境，让学生理解其中的社交线索、社交规则、他人的感受和想法等。为了实现这一目标，我们需要用语言或视觉辅助手段给孩子解释社交情境中正在发生的事，同时指导并表扬孩子的行为。

举例来说，在课间，老师向阿斯伯格学生拉里指出，有人好像受伤了。她让拉里停止游戏，上前询问要不要紧。这就是在放大重要的社交线索（有人受伤了），让拉里不至于继续游戏而无法觉察他人的感受。类似的，另一位阿斯伯格学生安迪在走廊被人撞了，他有点生气。于是，他的辅助老师马上跟他解释别人是怎么撞他的、为什么不是故意的，这样他的火气可能就及时化解了。辅助老师指出了隐藏的社交线索（即他人的意图），让安迪做出了更为恰当的反应。

这样的随机教学是相当概念化的，因为它依赖的是抽象的信息（即他人的意图）。但如果学生需要，随机教学也可以很具体。比如，在学习轮流时，可以用视觉辅助工具（比如轮流卡）或肢体提示（比如拍拍孩子的肩膀）帮助孩子理解什么时候轮到她玩。再比如，用视觉辅助工具放大社交环境，使用红绿卡来表示孩子能否讲话：将卡片的红色面朝上放在孩子的课桌上，表示这个活动不允许讲话；到了需要讲话的时候，再将卡片翻过来，让绿色面朝上。对于那些分不清楚讲话时间和场合的阿斯伯格儿童和成人，这样的视觉支持是非常有用的。

我们的小组训练课有两个不那么结构化的环节，即对话时间和游戏时间。在此期间进行的随机教学可以为结构化的技能训练打下良好的基础，促进技能训练的顺利展开（见第5章）。比如，在对话中，小组带领人可能会指出，某位学员看起来很伤心或很生气，然后教其他人上前询问关心。或者，某位男生霸占了对话时间，一直在谈他感兴趣的灯具组件，同伴们开始不耐烦。小组带领人可能会说："胡安，你看，有人在打哈欠，有人在椅子上扭来扭去。你觉得他们现在什么心情？为什么？你能问问他们还想不想听下去吗？"在这样的随机教学之后，带领人可以再安排一次正式的课程，教孩子们"说话简洁别人才会听"。

在利用对话和游戏进行随机教学的过程中，小组带领人一般充当的是教练角色：引导并奖励行为的发生。在游戏时间，带领人可以引导并表扬学生做出让步、与人分享、轮流玩、公平决定谁先开始、应对错误与失败等。比如，如果小乔和山姆正为玩哪个游戏争执不下，那么带领人可以说："你们俩显然想玩不同的游戏，这个问题该怎么解决呢？"如果两个人谁都不回答，带领人可以继续说："你们可以做出让步吗？"然后，给他们时间达成妥协。如果有人不肯配合，带领人可以建议一个让步的方法。一旦他们开始做出让步，带领人马上表示赞赏："山姆和小乔的让步方法真不错。"如果他们还是互不相让，带领人就说："总是这样决定不了，你们心里什么感觉呀？山姆，如果你不玩小乔想玩的游戏，小乔心里怎么想？小乔，如果你不玩山姆想玩的游戏，山姆会怎么想？那你怎么做才能让他开心呢？"这些话都是在强调眼前这个游戏场景中正在发生什么以及人们的感受如何。如果山姆和小乔不能通过这样的随机教学（即引导让步及强调双方感受）解决冲突，那么带领人可能需要出手干涉，帮他们达成某种妥协，然后在下一次课正式教他们让步的方法。

随机教学是让孩子在真实的情境中学习他们需要的技能，无论何时，它都是社交技能训练必不可少的一个部分。当然，只是随机教学也是不够的。如果这样的现场指导不足以让孩子理解当时的状况或改变她的行为，就有必要让她通过更为结构化的方式来学习应对技巧，为下次再遇到这样的状况做好准备。更结构化、更正式的技能训练课可以采用下面将要介绍的这些方法（即社交技能图画书、认知图片演练、社交故事以及结构化学习法）。

社交技能图画书

社交技能图画书（Social Skill Picture Stories）①是由图片组成的迷你书，图片中的儿童正在逐步演示不同社交技能的运用过程（Baker, 2003）。技能步骤的展示采用的是类似于连环漫画的格式，用儿童的真人照片，配上卡通气泡，气泡里的文字代表儿童正在说的话或当时的想法。除了照片，故事还会配上说明性的文字，宣扬正确的做法（有时也会有不正确的做法）。

每一项技能都会用好几页图片来说明它的步骤。在使用"图画书"学习某项技能时，指导者可以带孩子反复浏览其中的每一页图片，然后从第一页开始，让孩子说一说每张图片上都发生了什么。比如，指导者可以这样问孩子："这里发生了什么？第一步先做什么？他心里什么感受？他在说什么？接下来发生了什么？"如果学生还没有能力解释图片上的内容，那就试试让他们找出某个技能步骤的图片（比如，在学习插话技能时，可以问："哪张图片上的人有目光接触？哪张图片上的人在等说话的人停下来？这样说'不好意思'对吗？"）。

孩子可以积极参与到社交技能图画书的制作中来，包括摆拍并把照片制作成书。既可以制作纯手工的纸书，也可以在电脑上编辑并打印成册。参与制作技能图画书对学生来说一举两得：在拍照的过程中，有机会角色扮演展示各项技能的步骤；而将自己运用技能的过程永久定格这件事也十足有趣，可以吸引并锻炼他们的注意力。自制社交技能图画书，需要考虑以下四个问题：

· 以哪项技能为目标
· 该技能可以分解成哪些更简单的步骤，即对技能进行"任务分析"
· 你想在卡通气泡里放入哪些内容，即你想对学生强调哪些认知、想法或感受
· 怎样制作成书

社交技能图画书可以有不同的制作方法。一旦选定目标技能，并想好配套的心理活动和语言内容，你就可以开始规划技能步骤并决定需要怎样的照片了。尽可能让学生本人来当照片的模特。按步骤顺序将整个技能过程捋一遍，同时教学生摆出每一步拍摄所需的动作。当然，你要先做好示范。如果学生暂时还无法完全理解该项技能，没关系，图片书做好之后还会有一个学习强化的过程。你可以将拍好的数码照片导入 PPT 软件、照片编辑软件或桌面出版软件，配上气泡和相应的文字。当然，也可以将照片打印出来贴到纸上，然后画出气泡、写上文字，或将气泡和文字打印到彩色纸上，再剪

---

① 编注：关于社交技能图画书的更多信息，可参见《图说社交技能（儿童版）》（The Social Skills Picture Book:Teaching Play, Emotion, and Communication to Children with Autism）和《图说社交技能（青少年及成人版）》（The Social Skills Picture Book for High School and Beyond），这套书由华夏出版社于2022年出版。

贴到照片上去。注意，表示语言和表示心理活动的气泡要用两种不同的颜色加以区分，并始终保持一致，以免学生发生混淆。除了摆拍，学生还可以参与剪裁、粘贴和装订的过程。一些学生还可以通过游戏的方式，练习技能步骤的正确排序，深化对每一个步骤的理解。

社交技能图画书的运用有助于减少学生对言语指导和真人示范的依赖，下面要介绍的几种方法中有的也具有这样的效果。

认知图片演练

认知图片演练（Cognitive Picture Rehearsal）是将卡通图像与正向强化原则相结合的一种教学策略（Groden & Lavasseur, 1995）。它的图画或图片必然包括三个部分：问题情境的前提、期望的目标行为以及一个正向的强化物。图片一般呈现在索引卡上，每张卡片的顶部（或背面）会配上一段文字描述，卡片之间前后相续，缀连出我们希望的事件发展顺序。依次展示卡片，直到学生能复述每一张卡片的内容；在进入可能出现问题的情境之前，再复习一遍正确的技能顺序。

如果说社交技能图画书示范的是一般的社交技能，那么认知图片演练则是为解决某一个具体的问题而设计。比如，下页的范例就是为7岁的马特专门设计的，针对的是他不愿意离开电脑这个问题——当老师要求他停止玩电脑的时候，马特会大发脾气，拒绝离开。

卡片1、2描绘了问题情境的**前提**：马特在玩电脑，然后老师跟他说该离开电脑了。卡片3、4展示了我们希望马特出现的**目标行为**。第一个行为（卡片3）是马特想到如果他离开电脑，老师会很开心，也会在之后再给他一次用电脑的机会——我们想让马特知道，离开电脑在一定程度上可以帮他获得想要的东西。第二个行为（卡片4）是马特听从了老师的劝告并对老师说："好的，我不玩了。"卡片5、6展示了出现目标行为之后会得到怎样的**正向奖励**。卡片5显示，因为听从老师的劝告离开了电脑，马特获得了一个积分奖励。之所以如此设计，是因为在现实中，马特正在参与一个训练课堂服从性的积分奖励计划。卡片6显示，由于马特听从老师的要求离开了电脑，当天老师又让他用了一次电脑。

马特的老师应该每天带他反复阅读这些卡片，直到他能解释每一张卡片的内容。而马特的妈妈也需要在家做好强化，她可以将这些卡片作为睡前故事讲给马特听。最重要的是，无论在学校还是在家，在开始使用电脑之前，马特都会再听一遍卡片上的内容。采用这一策略之后，不到两天，马特就学会了正确的做法，在被要求离开电脑的时候，既不抗拒，也不发脾气了。

社交故事

社交故事（Social Stories）[①] 是卡罗尔·格雷和她的同事（Gray et al., 1993）开发的一种教学策略。它以第一人称的视角来讲述故事，帮助学生更好地理解问题情境。社交故事的编排一般立足于学生对某个情境的观点，着重于描述情境中发生了什么、为什么会发生，以及人们的想法和感受。虽然故事中难免有一些指令性的表述（即在该情境中应该怎么做），但故事的焦点还是在于让学生理解发生了什么。

[①] 编注：卡罗尔·格雷的《社交故事新编（十五周年增订纪念版）》(The New Social Story™ Book, Reused and Expanded 15th Anniversary Edition) 中文简体版已由华夏出版社于2019年出版。

认知图片演练范例

阿斯伯格学生经常会觉得别人在嘲笑他们，但事实并非如此。为了让他们明白这一点，我往往采用社交故事法。13 岁的彼得总是在午餐时和别的学生打起来，因为他总觉得别人在嘲笑他。他对他们竖起中指，对方便会过来打他。根据现场观察，其他男生的确在哈哈大笑，但并没有笑他。他们与他相隔至少十五六米，并不在看他，几个人只是自己在那儿笑着，大概是在开玩笑或谈论趣事。

于是我们为他编写了这样一个社交故事，故事以他认为别人可能在笑话他开始：

"当我在食堂吃饭的时候，我总是看到其他男生在笑，我觉得他们在笑话我。很多学生都会在午饭时说笑，他们会聊学习中的趣事，讲他们从电视、电影或书上看到的有趣的故事。也有学生的确会嘲笑别人。如果嘲笑别人，他们通常会提到那个人的名字，或看着他，或用手指指着他。如果他们在笑，但没有看着我，也没有指着我，那么他们可能并不在笑我。只要不是在笑自己，大部分人都不会为别人发笑而生气。如果他们真的在笑话我，我可以去告诉老师，而不是朝他们竖手指。"

这个社交故事中只有一句指令性的表述（即指导学生去做某事），它告诉学生，如果别人嘲笑他，去告诉老师而不是朝他竖中指。除此以外的所有内容都是在突出社交线索，让学生知道被人嘲笑是什么样子、自己有没有被嘲笑（即他们看着你或指着你）。故事的目标是提高彼得理解情境的能力，而不是直接告诉他应该怎么做。

与认知图片演练一样，社交故事也要反复读给儿童听，直到他们熟记于心。然后，在进入问题情境之前再复习一遍。比如，彼得会每天反复听这个故事，直到记住它；在去食堂之前，辅助老师会跟他一起复习这个故事。一周后，彼得就不需要再复习这个故事了，对午餐时别人的谈笑也不再产生误解。

结构化学习

结构化学习（structured learning）是我在小组和班级技能训练中使用的最为核心的教学模式，从第 8 章的内容就可见一斑。我所谓的"结构化学习"，是指格登斯坦（Goldstein）和他的同事在他们的"Skillstreaming"系列教材中所推广的策略（McGinnis & Goldstein, 1997）。Skillstreaming 系列是一套关于社交技能训练的优秀的参考书，它将许多社交技能的步骤梳理得相当清楚，只是没有涉及太多语用性语言技能。而这些技能，我认为对阿斯伯格青少年至关重要。而且，现有的系列课程也并没有把对阿斯伯格个体有用的一些技能阐释得足够清晰。因此，虽然我的教学采用了他们的结构化学习模式，但我也根据阿斯伯格个体的特征，重新编写了技能步骤，希望它们能更加切合阿斯伯格个体的需要。

结构化学习包括四个教学环节：
· 讲述教学（解释技能步骤）
· 示范技能步骤
· 角色扮演展示技能并给予反馈
· 在小组内及小组外练习技能

讲述教学

讲述教学是指指导者（老师、辅助人员或父母）给孩子解释某项技能的步骤。作为视觉提示，这些技能步骤通常还会写在墙报或黑板上。这种教学方法，和其他在一定程度上依赖口头及书面指导的方法一样，关键在于吸引孩子的注意力。解释技能的过程本身是很枯燥的，所以需要借助游戏的形式和生动的呈现方式来增添趣味。比如，我的很多学生都喜欢看有奖竞猜节目（当然是因为他们擅长记忆事实类的信息）。因此，在讨论和复习技能步骤的时候，借用《危险边缘》（Jeopardy）、《幸运大转盘》（Wheel of Fortune）、《谁想成为百万富翁》（Who Wants to Be a Millionaire）等节目的形式，就能受到他们的普遍欢迎。在解释技能步骤的时候，我会说："认真听我讲解步骤。待会儿我们玩一个竞猜游戏，让我看看你们记得好不好。如果你们答对足够多的问题，我就给你们发奖品。"

以我个人经验而言，"谁想成为百万富翁"的形式最为方便好用，因为你可以直截了当地提出问题。玩这个游戏的时候，我会假装自己是主持人并请学员们坐到我的对面，再逐个地抛出问题。我们会先模仿节目主持人说："你从哪里来？今天带谁一起来参加节目？"然后问："准备好冲刺百万美元了吗？"在真实的节目中，参赛选手会一人完成整个系列的答题任务，直到最后的百万美元级问题。但在我们的游戏中，我会让小组或班级成员轮流答题，通过团体合作答出百万美元问题。同时，作为一个团体，他们共有三条救生索可用，也就是三个求救机会：（1）让观众决定选哪个答案；（2）让现场某个人帮助答题；（3）50/50，即从四个选项中去掉两个，再二选一。我会从 2000 美元开始，就刚刚学过的技能向第一位学生发问。然后让其他学生轮流作答，并随之提高金额，4000 美元、8000 美元、16000 美元、32000 美元、64000 美元、125000 美元、250000 美元、500000 美元，直至 1000000 美元。答题者回答完毕后，我会像节目中那样来一句："你确定吗？这是最终答案吗？恭喜你，答对了！"

我会告诉学生，如果他们能拿到 30000 美元，那么所有人将得到一份零食；如果能拿到百万美元，所有人将获得一个奖品。虽然鼓励使用救生索，但我也总会想办法保证他们能拿到百万美元。我会给他们一些暗示，让他们思量一番，不至于答错题。这样做的目的，是让他们不断思考与技能相关的内容。

有时，你可能需要提前写好竞猜的题目（比如，见第 8 章"敏感话题"或"发起对话"活动建议）。但很多时候，只要稍微看一下技能课的讲义（见第 8 章），你就能随口提出问题，因为讲义上的每一个技能步骤都可以转化成一个甚至好几个问题。一个比较简单的提问方法，是直接提出问题而不提供选项，让学生自己想起答案，而不是从 4 个选项中识别出答案。举个例子，在讨论"恭维别人"时，关于步骤 1，我们可以问："为什么我们要恭维别人？"接着问："请再说一个恭维别人的理由。"关于步骤 2，我们可以问："你可以从哪些方面来恭维别人？还可以恭维别人的什么？"关于步骤 3，我们也可以提出一整套问题，比如："友好的语气是怎样的？为什么恭维别人的时候需要使用友好的语气？如果想恭维别人的外表，怎样的语气是友好的？如果想恭维别人的外表，怎样的语气是不友好的？"

示范技能步骤

在给学生讲解完技能步骤之后、让他们试练之前，我们要做一件重要的事，就是给学生示范这些步骤。作为训练的推进者，我们要在示范前做好两个准备，一是想好运用技能的情境，二是安排好协作示范的人。同学或老师可以充当协作者，与你一起完成技能示范；至于运用技能的情境，第 8 章的技能活动建议里基本都有涉及。

为了让观看示范的学生保持专注，记得在示范之前明确告诉学生应该关注哪些方面。你可以说："看我们怎么做，看完告诉我们，我们有没有做步骤1，就是……，有没有做步骤2，……，有没有做步骤3，……如果我们做对了，请竖起你们的大拇指点赞。如果做错了，那就拇指朝下，给我们差评。"让学生边观察边做动作，比如拇指朝上或朝下，通常可以帮助他们将注意力集中到技能上来。完成示范以后，问问观看的学生，是不是所有步骤都做过了："步骤1，……，我们有没有做？拇指朝上还是朝下？步骤2，……，我们做了吗？拇指朝上还是朝下？步骤3，……，我们做了吗？拇指朝上还是朝下？"

我们可以再多示范几次，方便学生理解技能的细微之处。每一次示范，都要求观察者注意步骤是否正确，并用大拇指表示赞同或反对。为了突显每一个步骤的重要性，每次示范还可以故意做错一个步骤。比如，在示范"插话的方法和时机"时，我们在说完"不好意思"之后，不等对方停下就直接开始说话。然后，我们请观察者评判每一个步骤的完成情况，着重强调做错的步骤以及正确完成该步骤的重要性。

当然，指导者也可以选择不解释或不示范错误的技能步骤，集中精力做正确的引导和示范。这主要看学生的个性特质。讲解错误做法，可能会让一些学生觉得好玩，为了自娱自乐或逗笑别人而故意不停地犯错。不过，示范错误方式也有两个好处。首先，通过正误对比，学生会更好地理解技能。其次，那些因为害怕犯错而不愿参与角色扮演的学生，也会因为有机会表演错误做法而卸下心理包袱，进而尝试其他的扮演活动。总之，我们的底线是"了解你的学生"。那些喜欢用"胡闹"吸引眼球的小孩，不太适合观察或表演错误的技能步骤。

角色扮演展示技能

在角色扮演的过程中，学生会被要求按照正确的顺序表演所有的技能步骤。角色扮演最好有两位指导者参与，或者一位指导者再加两位学生。这样，一位指导者就不用直接参与角色扮演，而是充当教练的角色，帮助学生完成整个技能过程，让角色扮演更有成效。与上文技能示范一样，在角色扮演之前，我们也应该交代观察角色扮演的学生，要留心每一个步骤的正确与否。如果学生因为担心犯错而不想参加角色扮演，我们可以让他表演错误的方式，然后猜一猜他要表达的意思。这样可以帮助他释放一部分当众表演的焦虑情绪。

点评技能／提供纠正性反馈

每次角色扮演之后，指导者需要对技能步骤的扮演情况给出反馈。先指出哪些地方做对了，并多加夸赞。也让在一旁观察的学生说一说扮演者哪些地方做得好。不要直接指出学生的错误，要给出纠正性的反馈。比如，对他们说："这一步，我希望你这样做，这样会更好。"也不要让观察的学生纠错，要让他们说一说怎么做才能让角色扮演"更好"。需要的话，给他们再示范一遍正确的做法。坚持提供纠正性反馈、坚持练习，直到学生能正确完成那个步骤。

讲解技能、角色扮演、提供纠正性反馈，是教授一项技能的完整流程。要不断重复这个流程，直到学生无须提示就可以将该技能演示出来。到了这个程度，我们就可以开始布置练习作业，促进技能的泛化了。

练习技能

在理想的状态下，我希望学生能在下课前告诉我，他们将和谁以及在什么时候按照技能表上的步骤练习技能。借鉴 Skillstreaming 课程的做法，我们在每一份技能表的底部都设计了一个练习板块，学生可以填写将和谁以及什么时候进行技能练习。我们可以对学生说，如果他们能记下练习的情况，并且在下次上课时交上来，就能得到一份额外的奖励。关于如何鼓励练习、促进技能的泛化，第 7 章会有更详细的论述。

第 5 章

在哪儿进行社交技能训练：
班级、小组、结伴玩耍

大的班级、校内或校外的训练小组、结伴玩耍前及玩耍中，都可以进行技能训练。无论在哪儿，技能训练都遵循固定的模式，即一段正式的技能学习时间，再加几段不太结构化、比较自然的技能练习时间。在班级里，正式的技能学习可以安排在一周之初，不那么结构化的技能练习则可以分散在之后的每一天里，通过班级老师组织特定的对话和游戏活动来实现。比如，老师可以利用每天的"展示与介绍"（show and tell）或"晨会"时间练习紧扣话题、发起对话等对话技能。

在小组训练中，结构化的学习和自然的练习活动要在一小时的课程内完成，技能学习时间一般为 20 分钟，其余时间则用来进行不那么结构化的练习活动。

最后是结伴玩耍。在赴约之前，孩子应该已经正式学习过技能并做好了复习；在玩耍过程中，家长在一旁指导孩子进行比较自然的互动。

这三种训练环境各有利弊。班级训练的好处在于它能实现更好的技能泛化，因为技能训练是当着老师和典型同学的面进行的，所学技能很容易成为课堂标准或班级常规。但如果是小组训练，我们需要付出更多的努力，才能实现技能在小组之外的泛化。因为学生的老师和同学并不清楚他学了什么，班级里也不一定在使用相同的技能。比如，山姆在校外的训练小组学习了发起对话的方法，但在学校可能没有人会提醒他应该怎么做。除非小组指导者与老师或辅助人员做好沟通，让他们引导他在校时主动发起对话。

至于弊端，大的班级环境基本无助于建立亲密的朋友关系，而且所教技能也不一定适合全班所有学生。到了初高中，分化会更加明显，有阿斯伯格综合征及相关障碍的学生会比他们的普通同伴更需要磨炼对话技能。只有在低年级时，由于大家的能力水平都比较有限，所有人都需要学习如何与人对话和游戏、如何进行情绪管理，大家可以一起学习一起进步。到了初高中还有一个非常实际的问题，那就是学生上课没有固定的教室，每天需要根据课程变化从一个教室转到另一个教室，安排一节大的技能训练课会比较困难。相比之下，小组训练优势明显：便于发展成员间的亲密友谊；训练推进者可以把有相似技能需求的学生分到同一小组中，进行更有针对性的训练。如此说来，对于初高中学生，小组训练是更加理想的选择。

结伴玩耍可能是发展亲密友谊最理想的环境了。正是在一对一的玩耍中，儿童发展成彼此"最好的朋友"。从孩子童年到青春期的这段时间里，家长都可以设法鼓励并组织孩子结伴玩耍。很多时候，孩子之间结伴玩耍的起因在于家长之间比较投缘，于是决定组织家庭聚会，孩子们也得以聚到一起。你可以通过本地的阿斯伯格儿童、其他孤独症谱系儿童或学习障碍儿童的家长互助组织，找到合适的家庭。此外，在孩子参加课外社交技能训练的时候，一起等下课的家长往往也会逐渐熟识。训练指导者可以鼓励家长之间相互邀约，让孩子们结伴玩耍，进一步提高他们的社会化水平。

下面，我们来看一看这几种最常见的社交技能训练方式，即小组训练、班级训练以及结伴玩耍，有哪些共性和特性。

小组训练

小组训练既可以在校内进行，也可以在校外进行。训练时间根据工作人员的方便，可以安排在午间休息时间、有特教支持的课上或放学后。我曾经在一所学校给一位负责心理辅导的研究生实习老师示范过放学后的小组训练，后来那位老师接管了我的小组。我们根据学生的年龄和接受性语言能力，将他们分成不同的小组。这些小组每周上一次课，全年无休，每12周开一次家长会总结进展。由于训练通常在学区的某一所学校集中进行，而学生又分散在不同的学校，大部分情况下，我们会向学区申请统一的交通服务，家长只管去训练小组接孩子就好。我们也因此有机会与家长们沟通训练进展、作业情况，介绍他们彼此认识，方便他们为孩子组织聚会。这种放学后的训练小组有一个特别的好处——在大多数学生忙着社交的这段时间里，这些不同学校的学生也有机会走到一起，彼此相识。

小组训练需要用到的材料包括：一块写字板、几份技能讲义（见第8章）、代币（比如游戏纸币）、零食、3张墙报——一张列出小组规则，让学生每次上课都能看见，另一张提示保持对话的方法（见本章最后"让对话进行下去"表格），最后一张提示训练活动的时间安排。

第一节课

第一节课通常包括四个部分：
· 介绍训练小组的目的
· 确立训练小组的规则以及违反规则需要承担的后果
· 通过讨论兴趣爱好相互认识
· 游戏或零食时间

下面是某个训练小组第一节课的文字记录。这个小组的训练对象是四名7岁的阿斯伯格综合征儿童：山姆、小乔、詹娜和汤米。

介绍训练小组的目的

开班第一课，我们会提醒大家为了什么而聚在一起，要让学生找到学习新技能的动力。如果某些孩子的动力不在于交朋友，而在于获得物质奖励，那就必须将技能学习与他们想要的东西挂起钩来，具体请参考下文我们对山姆的做法。（小组带领人已经在招生咨询时接触过学生并介绍过训练小组的情况了，他会利用当时收集的信息与学生进行互动。）

小组带领人："女士们，先生们，欢迎大家来到我们的训练小组。我来给你们相互介绍一下。这是小乔、山姆、詹娜、汤米、我，大家都认识，贝克博士。"

山姆：（看着小乔，小乔带了一款"任天堂"的掌上游戏机）"可以给我看看吗？"

小组带领人："同学们，眼睛看这里。很好，就是这样，听得很认真。待会儿我们可以看看大家都带了什么来，但现在我要先问问你们，还记得这个小组是干什么的吗？我们为什么会在这里？"

小乔、詹娜（同时喊出来）：**"**交更多的朋友。"

小组带领人："对。我们在小组里学习的所有本领都可以让我们交到更多的朋友。"

山姆："但是我不想要更多的朋友。"

小组带领人："上次见面的时候，你不是跟我说你想要一个新的'任天堂'游戏机吗？"

山姆："嗯。"

小组带领人："嗯，你在这里学习的所有技能，都可以帮助你和小朋友以及爸爸妈妈好好相处。然后，小朋友会把他们的'任天堂'借给你，爸爸妈妈也会给你买新的'任天堂'。所以，你们有的是来交朋友，有的是想学习和别人相处的本领、可以玩'任天堂'的游戏。（一些孩子对交友不感兴趣，但想学习与别人好好相处，以便借到某件物品，比如游戏机，或通过自己的优良表现，让父母给他买游戏机。）为了这些目标，你们都需要好好学习、认真练习我们将在课上讲到的技能。"

确立小组规则

我们鼓励小组成员自己制定小组规则。当然，我会在一旁加以引导，保证最终的规则至少包括以下内容：

- 彼此倾听（在对话时，等别人暂停后再开口；在学技能时，先举手，等老师叫到你后再发言。）
- 彼此好好说话（不吼、不嘲笑、不侮辱别人）
- 管好自己的手和脚（不推、不打、不踢、不掐、不拽别人）

学生们能提出的规则大抵就是这些，不过各人的表达方式会有所差别。最好将它们归纳成3~4条，再多就太过复杂了，学生不容易记住。

小组带领人："好的，眼睛看这里。很棒，就这样认真听。同学们，这是你们自己的小组，所以你们应该自己来制定规则，然后大家一起遵守，好好相处。说说看，你们想要什么样的规则。"

汤米："不要吼别人。"

小组带领人："好的，听起来不错。大家同意这个规则吗？山姆、小乔、詹娜，你们觉得怎么样？"

山姆、詹娜和小乔："同意。"

小组带领人："那我们就说'跟别人好好说话'，我来把这条规则写在这张墙报上。"

詹娜："不要贬低别人，可以吗？"

小组带领人："太好了！同学们，你们觉得呢？"其他学生开始东张西望。"眼睛看这里。很好，听得很认真。詹娜刚刚建议：我们不要贬低别人。你们同意吗？"

汤米、山姆和小乔："同意，也不要嘲笑别人。"

小组带领人："很好。我觉得大家说的都是一个意思，就是'彼此好好说话'。好的，'好好说话'后面再加上'不吼、不贬低、不嘲笑别人'。"（被人嘲笑是组员们的共同遭遇，也是一个可以凝聚感情的话题。所以，如果有人提起这个话头，我会立刻接住，顺势营造一种相互联结和安全的小组氛围。）

小组带领人："我可是被嘲笑过的人。我认识的大多数人也都被嘲笑过。你们有谁被嘲笑过吗？被嘲笑过的，请举手。我觉得我们都可以举手。"

（所有人都举起了手。）

汤米："上体育课的时候，因为我没有踢到足球，就有同学叫我傻瓜。"

小组带领人："那真是太糟糕了，也很不公平，你明明很懂足球的，我记得你上次跟我讲了那么多关于足球的知识。我也被这样嘲笑过很多次。其他人也有这样的经历吗？谁来说说你是怎么被人嘲笑的？"

詹娜："我做错了数学题，有个男生说我是笨蛋。"

小组带领人："嗯，我知道你一点儿也不笨。事实上你相当聪明，就像这里所有人一样聪明。我很抱歉这样的事发生在你身上。你知道，我们认为爱因斯坦是世界上最聪明的人，但他小时候数学也不及格呢。所以，错一道题不能说明你不聪明。还有人要说说自己是怎么被人嘲笑的吗？"

山姆："我也被人嘲笑过，可我不想说。"

小组带领人："没关系。不过，我想我们都理解被人嘲笑的滋味，一点也不好玩。我发现我们大家有一些共同点：我们都很聪明，我们都体会过被人嘲笑的滋味。所以，在这里，大家就不要再互相嘲笑了，好吗？"

组员们："好的。"

小组带领人："太好了。在这里，我们要像一家人一样相亲相爱，尽可能地让别人开心。好了，再来想一想，我们还需要遵守哪些规则？"

于是，我们又引出另外两条规则："倾听"（即在对话时等别人暂停后再说话、在学技能时举手发言）和"管好自己的手脚"（即不打、不推、不踢、不拽）。

为了确保大家遵守定下的规则，我接着介绍了可能会用到的行为管理方法，比如如何奖励、如何对扰乱行为实施"隔离冷静"（timeout[①]）等。如果是十几岁的孩子，我基本不需要用到行为管理方法，但对比较年幼的孩子，我常常使用代币制，鼓励他们用挣到的代币来换取想要的东西。至于代币，我觉得游戏纸币是一种特别有效的方式。它具体而直观，又不像其他代币会有响声，不容易扰乱教学秩序，还多少能引发孩子对奖品的联想，使之更具激励性（见第6章）。关于代币制，我是这样对学生说的：

小组带领人："既然大家定好了规则，那么我来帮你们遵守这些规则。我这里有一些钱（游戏纸币），如果你们能相互倾听、好好说话、管好自己的手脚（边说边指着墙报上列出的规则），就能赚到这些钱。等你们赚到足够多的钱，我就给你们发零食和奖品。"

通常，在第一节课上，我不会告诉他们需要赚到多少钱，因为我并不清楚他们到底能赚多少。

---

① 编注：又译为"罚时出局""暂时隔离"。

我希望所有人在第一节课都能赚到足够的钱，都可以吃到零食。那样他们才有成就感，才有继续"赚钱"的动力。比如说，如果在下课前，他们每个人都赚到了9元，那么我会告诉他们，10元就可以兑换零食或奖品。然后再告诉他们，清理教室、做好离开准备，都能帮他们赚到那最后的1元钱。

相互认识

因为是第一次课，大部分学员都很紧张，所以这节课的主要任务是彼此熟悉。我们会有一个"相互认识"的环节，在这个环节里，每位学员都有机会介绍他目前的兴趣爱好（强迫性兴趣也算）。这样的破冰活动可以增强学员之间的认同感，也为后面训练对话技能打下基础。

作为小组带领人，我给他们的第一个意见，是每次只能一个人讲，其他人认真听。我会指着那张"让对话进行下去"的墙报，教他们对别人的讲话内容发表看法或提出问题。我会根据学员的年龄和语言水平做尽可能少的提示，比如："对小乔刚刚讲的内容，你们有什么问题或想法吗？"但如果是程度再差一些的孩子，我可能会提示得更细致一些："你能用'在哪里'问一个问题吗，比如'那个东西你在哪里买的？'"

以下是4人小组在第一堂课上的相关内容摘录：

小组带领人："好了，女士们，先生们，我们平时上课，一节课通常包括对话时间、技能时间、游戏和零食时间，"（边说边指着"上课计划表"上的内容），"但今天是第一节课，所以我们不学技能，我们先来认识一下大家。有谁愿意说说自己喜欢做什么或者对什么东西感兴趣吗？有谁带了什么东西过来，可以给大家看看，让大家更加了解你的爱好吗？"

汤米："我。我带了'神奇宝贝'卡牌。我已经……"

詹娜："我带了轮滑鞋，因为……"

小组带领人："好的，我们要轮流发言。詹娜和汤米都想发言，你们谁可以让对方先说吗？"

汤米："好的，让詹娜先说吧，女士优先。"

小组带领人："很好，让别人先来，可以帮助你们找到好朋友。"（给汤米1元，奖励他让别人先说。）"你让别人先说，奖励1元。"山姆和小乔开始走神。"大家看这里。好的，山姆、小乔、詹娜，我喜欢你们这样认真听讲。来，每人奖励1元。"（给每人发1元。）"好的，我们开始听詹娜发言。只有认真听，我们才能对她的发言提出问题或想法（指着'让对话进行下去'的墙报内容）。现在，请大家看着詹娜。詹娜，往下说。"

詹娜："这是我的轮滑鞋。"

小组带领人："你能说说为什么把它们带过来吗？"

詹娜："我喜欢轮滑。我滑得可快了，比我哥哥还快。"

小组带领人：（给小乔、山姆、汤米每人1元，轻声说）"听得很认真。"然后提高音量："对詹娜刚才的发言，谁有问题或者想说点什么吗？"

汤米："那些轮子是用什么材料做的？"

小组带领人：（虽然这个问题有些跑题，但毕竟是关于轮滑的，作为第一节课，应该鼓励）"汤米，问得好，跟主题很相关。"（递给他1元。）

詹娜："我不知道它们是用什么做的。"

小乔："你在哪里买的？"（带领人给他1元。）

小组带领人：（也给山姆发了1元，轻声对他说）"你也在认真听詹娜发言。"

詹娜："轮滑商店。"

小组带领人："有谁也喜欢轮滑吗？"

山姆："我喜欢看别人轮滑。"

小组带领人：（为了增强组员间的凝聚力，指出大家的共同爱好）"所以你们看，大家还有其他的共同点。除了都不喜欢被人嘲笑，你们有人喜欢轮滑，有人喜欢看别人轮滑。有机会，大家可以一起去轮滑或者去看轮滑。还有其他人想问詹娜什么问题或有什么想法吗？"（一片沉默。）"詹娜，关于你的兴趣爱好，你还有什么想说的吗？没有的话，我们请别人来说。"

詹娜："没有了。"

小组带领人："汤米，你刚才不是想给我们介绍你的'神奇宝贝'卡牌吗？大家看着汤米，听他发言。"

山姆："我已经收集了150张'神奇宝贝'卡牌了，包括这张稀有的喷火龙卡牌。"（所有学员都凑过去看那张牌。）

小乔："可以给我看看吗？"（伸手去摸。）

小组带领人："小乔，你必须等汤米同意之后才能摸那张牌。汤米，你希望小乔怎么做，只能看吗？可以摸吗？"

汤米："现在，要不先看吧。"

小乔：（看着那张卡牌）"我也有很多'神奇宝贝'卡牌。"

小组带领人：（递给小乔1元，小声说）"说得好，非常切题，说明你在认真听汤米讲话。"

山姆："我不喜欢《神奇宝贝》，我喜欢《数码宝贝》。"（带领人给他1元，轻声表扬他发言很切题。）

小组带领人："詹娜，你呢？你喜欢《神奇宝贝》，还是《数码宝贝》，还是其他动画片？"

詹娜："我喜欢尼克儿童频道的动画片，我喜欢《海绵宝宝》。"（带领人给她1元，并轻声表扬她回答很切题。）

小组带领人："哇，你们果然还有其他共同点，你们都喜欢看动画片。有人要问汤米什么问题吗，或者对他刚才说的有什么想法吗？"（没人回答。）"比如问问'哪里……'，你从哪里……"（等学员们接话。）

小乔："汤米，这个卡牌你从哪里买的？"（指导者递给他1元并轻声告诉他这是一个很好的追问。）

学生们继续轮流谈论各自的兴趣爱好。小组带领人也及时做出点评，强调学员间的相似之处，而忽略他们的差异。比如，如果大家喜欢不同的电视节目，那么带领人会着重指出他们都喜欢看电视，而淡化节目上的差异。在小组成立之初，尤其需要让成员们看到彼此之间的连接，而探索差异则是稍后的课题。

后续课程

第一节课以后的小组训练课按照之前提到的格式进行：对话时间、技能时间、游戏时间和零食时间。

对话时间

对话环节是所有典型的治疗小组都会有的内容。通常是让学生们谈谈过去一周的情况，包括遇到了哪些问题，然后同学之间相互支招、彼此打气。不同之处在于，我不仅关心他们说了什么，也关心他们如何互动。作为训练推进者，我的主要任务是在训练活动展开的过程中指导、鼓励、表扬学生，并突显环境中的各种社交线索。

想让对话活动顺利展开，孩子们首先要掌握一套核心的对话技能，包括：

1. 保持对话
2. 发起对话
3. 转换话题
4. 说话简洁
5. 避免敏感话题
6. 关心他人的感受

考虑到学生在加入小组前没有正式学过这些技能，我会做好心理准备，在一段时间内我们的对话活动可能会不太顺利。我会在对话时间里，提醒他们眼下应该怎么说、怎么做，带他们熟悉这些技能。然后，在之后每一节课的技能环节，我们会就其中的某一项技能进行正式也更为细致的学习。所以，在训练的第一、第二节课上，技能学习时间其实是先于对话时间的。也就是说，我们往往会先利用这两节课学习"保持对话"和"发起对话"这两项技能。这样，学生就能大致了解对话时间该说些什么，在后续的课程中，对话时间也就可以安排到技能时间之前了。

为了鼓励学生**发起对话**（见第8章"发起对话"），我会教他们从各种角度彼此发问。比如，问与过去有关的问题，"你这周过得怎么样？"问目前正在发生的事，"你在干什么？"还可以问与未来有关的事，"周末你打算做什么？"或者，问与兴趣爱好相关的事，"你最近踢足球了吗？"（前提是大家都知道这位学员喜欢踢足球）。然后，为了鼓励他们保持对话，我会提醒他们追问与话题相关的问题或发表与话题相关的评论（见第8章"保持对话"）。

如果有学员**讲个不停**，我会提醒他们说话要简短，并确认别人是否愿意听下去："看看其他同学，他们看起来有没有兴趣？要不，你问问他们想不想听下去？"此外，我还会提醒他们轮流发言、等别人暂停后再发话（小组规则中一般都会有这一条）、要有目光接触、与他人保持恰当的身体距离、适当调节音量和语气。

话题管理是对话时间容易出现的一个大问题，因为学员们会很快偏离主题。比如，当两位学员正在谈论电子游戏的时候，第三位学员可能突然插进来问："今天晚饭你们打算吃什么？"遇到这种不恰当的话题转换，我会说："这样问切题吗？他们俩在谈电子游戏，你却问晚饭问题。你应该等他们谈完电子游戏，然后问'我可以谈点别的吗？'"

我也引导他们**避免敏感言论**（见第8章"敏感话题"）。敏感话题是指会给别人带来耻辱、尴尬或其他不适感的言辞。比如，一个学生可能会对另一个学生说："你讲话怎么大舌头？"我会告诉他："这是一个会让人不开心的敏感话题。虽然讲话大舌头不算什么问题，但你这样直接指出来，很可能会让他不开心。所以，这样的问题你可以在心里想，但不要说出来。"为了鼓励学员关心他人的感受，我可能会说："他看起来不太高兴，你可以对他说些什么？"如果学生不回答，我会说："问他'你没事吧？'或'要不要帮忙？'"

正如上面第一次课的记录中所描述的，当学生自发地或在我的鼓励下运用某一项技能时，我常常会用游戏纸币奖励他们。为了塑造更加恰当的对话表现，你必须训练自己时刻留意学生的技能运用并加以表扬。比如，当我们注意到某位学生正安静地坐着听人讲话，并与对方有目光接触时，我们可以凑过去轻声说"听得很认真"，并递给她 1 元纸币；如果有孩子能恰当地进行追问，也给他 1 元；如果某位学生在我的提醒之下不再一个人侃侃而谈，而是询问其他成员是否还想听下去，同样给 1 元；能问"我可以谈点别的吗？"而不是直接变换话题的学生，给 1 元……就这样，我们用 1 元纸币强化了学生表现出的积极的对话技能，也鼓励了更多的积极行为。

游戏时间

在游戏时间里，小组带领人的角色与在对话时间里的角色相类似，即向学员强调他人的感受，引导并奖励恰当的游戏技能（比如让步、分享、轮流、决定谁先来、应对错误和输局）。举个例子，如果学员之间为"谁先玩"起了冲突且争执不下，我会鼓励他们使用学过的某个技能。我会说："既然你俩都想第一个玩，那我们可以用什么办法来决定谁先玩呢？"如果学员还没有掌握解决冲突的技能，他们开始高声嚷嚷，甚至就要打起架来，我会设法替他们解决问题。我会站到他们中间，首先避免肢体冲突，然后给出我的解决方案，比如："山姆，这次你先玩。汤米，下次你先玩。汤米，如果你同意这么做，我额外奖励你 1 元。"如果调解不成，双方仍旧愤愤不平，我会设法转移他们的注意力，安抚他们的情绪。比如，我可能说："嘿，谁想玩黏土？你们为什么不来捏几个《神奇宝贝》和《数码宝贝》里的角色呢。"借助他们感兴趣的东西（这里即《神奇宝贝》和《数码宝贝》），让他们暂时忘却眼前的冲突。在之后的小组训练中，我会再次直面"谁先玩"这个问题，将它纳入正式的社交技能训练或解决问题的讨论之中，为学生们以后应对类似的问题做好准备。总的来说，关于如何应对游戏中可能让学生发脾气的情况，我的经验大致如下：

· 如果学生已经学过相关技能，尽量让他们自己解决问题
· 如果他们无法自己解决，向他们提出你的解决方案
· 当学生火气上头时，想办法分散他的注意力以安抚其情绪
· 等学生冷静下来以后，试着教他应对问题的技巧，让他在今后遇到相同的情况时不再情绪失控（见第 6 章"关于应对情绪失控的经验之谈"）

班级技能训练

如果是在班级环境中进行技能训练，那么每节结构化的技能课（包括讲解说明、示范和角色扮演）以 30～40 分钟为宜，并尽量安排在一周之初，比如周一。内容既可以复习巩固上周的技能，也可以学习新技能，后面的几天则可以用来练习所学技能。在理想的情况下，社交技能训练应该每天进行，但不一定非得正式上课，只要学生有机会像下面介绍的那样每天练习即可。

班级技能训练的推进者有两个任务：（1）进行技能教学，普及技能概念；（2）与班级老师和辅助人员协商每天的技能练习活动。班级老师即使不负责技能教学工作，也需要承担起选择目标技能和陪练技能的任务。如果老师们不想让这么一堂"与学习无关"的课插入本已紧凑的班级课程之中，一个办法是向他们解释：社交技能训练最终会减少班级里的社交冲突，给他们留出更多的正常教学时间。也就是说，社交技能练习固然会占用老师一定的时间和精力，但当她无须频繁周旋于学生间的冲突之后，反而会省出更多的时间。

老师至少应该走入训练课堂，知道学生在学什么。此外，班级老师可能还需要在学生表现出目标技能时给予奖励，并利用每天的"展示与介绍"或晨会时间训练对话技能。

在"展示与介绍"时间里，学生们轮流展示自己愿意与人分享的东西，比如喜爱的物品、去过的地方。可以是实物，也可以是照片。老师引导其他学生给出切题的评论或提出相关的问题。作为视觉辅助，教室还应该贴一张"让对话进行下去"的墙报。老师可以指导某位学生站在全班同学面前介绍他带来的物品，然后问："对于他带来的这个东西，有谁想说点什么或者问点什么吗？"老师可以指着"让对话进行下去"里的内容说："谁可以提一个问题？可以问问'哪里'，比如'这个东西哪里买的？'问问'谁'，比如'这是谁给你的？'也可以发表评论，比如'我喜欢这个东西'或者'我也有一个'"

在晨会活动中，老师可以将学生两两分组，或分成3～4个小组，再要求他们通过彼此提问发起对话。问题通常取自"发起对话"技能课所学内容（见第8章），可以是"你今天做了什么？""放学后你打算做什么？"等。一个好玩的方法，是让学生在教室里自由走动，然后老师喊"不许动"，学生们立刻停下来，老师提示他们转向身旁最近的同学，提出问题，发起对话。提问的问题由老师指定，比如"周末过得怎么样？"当然，可问的还有很多，比如周末计划、放学后的活动、特别的兴趣爱好等。老师还会教学生对对方所讲的内容提出追问或发表切题的评论，让对话持续下去。然后，学生们继续自由走动，直到老师再次喊出"不许动"，学生们再次和离他/她最近的同学（跟上次不一样了）互动。这一次，老师会指定问另一个问题，比如"这个假期你打算去哪里？"互动完毕，老师要求每一位学生汇报他们了解到的同学的情况。凡是能回想起刚刚聊天内容的学生，都可以得到贴纸、积分或其他的代币奖励。这一活动有助于提高倾听、发起对话、保持话题的能力以及总体的对话能力。

在上技能课之前，老师和训练推进者应该商量好激励措施，奖励那些能够运用技能的学生。第7章会对激励方法做具体的介绍。不过，对于一个较大的班级而言，最友好的激励方式莫过于李·坎特（Lee Canter, 1987）的玻璃弹珠罐法：每次当学生表现出目标技能的时候，老师就往罐中投入一颗玻璃弹珠或一个代币，当玻璃弹珠或代币积累到足够数量的时候（一般50～100个），全班同学可以获得一个奖励（一场派对、一节额外的美术课等）。为避免给同学和老师带来过重的负担，在同一段时间内，将奖励项目精简至2～3项是比较明智的做法。此外，已经投入罐子的玻璃弹珠属于学生所有，老师不得因为他们有不良行为而随意扣减，须知它是激励措施，要始终保持学生对它的积极态度。

结伴玩耍

实现结伴玩耍的第一步，就是设法约起来！这对容易受到同伴孤立的阿斯伯格及相关障碍儿童而言并非易事（Wolfberg, 2003）。一般来说，老师会比较清楚班里哪些同学可能愿意跟他们一起玩，所以找老师帮忙不失为一个好办法。除此以外，家长还可以通过本地的阿斯伯格、孤独症和学习障碍儿童家长互助组织寻找结伴对象，或通过校内外社交技能小组的同学家长寻找合适的对象。

一旦定下约会，家长就要提前考虑几个实际的问题，尽可能让约会顺利进行。首先，考虑将约会安排在自己家里，方便从旁指导孩子的活动。其次，安排好客人的接送问题，以便在孩子之间发生无法解决的冲突时提前结束约会。（将这种可能性告知其他家长，让他们做好提前来接孩子的准备。）

多孩家庭还会遇到一个常见的问题，就是上门来的小伙伴最后跟家里的普通孩子玩了起来，有障碍的孩子反而被晾在一边。所以，家长需要在约会前将孩子的兄弟姐妹送走。约会的时间一开始可以安排得短一些（比如 30 分钟），往后再根据孩子的互动情况逐渐延长。最后，家长可能需要用一些"酷酷的"玩具和游戏来吸引孩子的同伴，让他们下次还愿意来家里玩，比如在院子里放一张蹦床，准备好玩的电子游戏、有趣的画具画材等。

正式的技能教学可以安排在约会前的任何时间（睡前、周末）。但在客人到来之前，你们应该将约会中需要用到的技能再复习一遍。可以考虑教给孩子的比较重要的规则和技能包括：和客人一起玩而不是自己玩、玩客人想玩的、做出让步、轮流玩、输了怎么办、避免敏感话题等（具体技能步骤见第 8 章）。家长可以采用第 4 章谈及的结构化学习法，给孩子解释、示范并一起角色扮演展示这些技能的步骤。家长还可以跟孩子提前商定奖励方法，鼓励他们遵守规则、正确运用技能步骤。比如，如果孩子能先玩客人想玩的游戏并坚持 10 分钟，之后玩别的游戏时也能做适当的让步，就给他们买冰激凌吃（前提是冰激凌对这个孩子确实有激励作用）。

如果孩子非常不善于轮流玩，或很难接受输掉游戏和比赛，那么一开始的时候，要避免那些需要等待轮流与有输赢的游戏和活动。绝大多数的桌面游戏、电子游戏和户外竞技类游戏都在回避之列。只有当孩子与家长一起玩过很多次这类游戏之后，才能试着将它们引入伙伴游戏之中。最初的结伴游戏，最好采用那些不用等待、不论输赢、适合各自玩耍的活动，比如美术和烹饪活动。在这样的活动中，每个孩子都会拿到自己的材料，然后挨在一起完成各自的任务。活动材料可以是橡皮泥、搭建材料（乐高、积木）、纸模材料、食品原料等。年龄稍大的孩子可以坐在一起制作船模、车模或进行其他兴趣活动，孩子间偶有互动就可以。

当孩子之间逐渐熟络以后，就可以开始引入互动性更高的活动了。比较适合幼儿的活动，包括用过家家玩具、玩具车、积木和拼图等玩假装类游戏。家长可以在一旁提醒自家孩子留意客人在玩什么，并鼓励模仿。比如，家长可以说："看看山姆，他在假装用消防车灭火呢，你也会灭火吗？"幼儿还可以通过分享玩具或材料学习轮流玩。比如，你可以指导孩子们轮流玩蹦床，轮流滑滑梯，轮流用同一顶帽子玩化妆游戏，等等。如果是小学阶段的孩子，则比较适合玩桌面游戏和电子游戏，这些游戏需要更多互动、更多耐心以及更好的承受失败的能力。家长在安排这类活动的时候要有所取舍，要先从孩子比较擅长的活动开始，这样她才更容易忍受轮流和失败。如果是容易受挫的孩子，最好不要让她在约会时玩有更高技巧要求的新游戏。相反地，家长应该与她提前练习这个新游戏，等她建立起一定的适应性之后，再将其引入到伙伴游戏之中。

让对话进行下去

进一步追问	发表切题的评论
谁 什么 哪里 什么时候 为什么 怎样 还有呢	我也_____。 我喜欢_____。 我打算_____。 我曾经_____。 我_____。

小组规则

■ 彼此倾听（在对话时，等别人暂停后再开口；在学技能时，先举手，等老师叫到你后再发言）。

■ 彼此好好说话（不吼、不嘲笑、不侮辱别人）。

■ 管好自己的手和脚（不推、不打、不踢、不掐、不拽别人）。

上课计划表

1. 对话时间

2. 技能时间

3. 游戏时间

4. 零食

第 6 章

行为管理

如果没有让学生保持注意力、认真配合的手段，你是很难管理好一个班级或一个小组的。但本书无意于详细讨论各种行为管理的策略，感兴趣的读者可以参阅其他书籍（Canter, 1987; Durand, 1990; McGinnis & Goldstein, 1997）。我这里想分享的，是我自己在带班和带小组的过程中觉得简单好用的几个方法和策略。

关系是关键

如果你不喜欢某个学生，那么无论他对非言语线索多么不敏感，最终都会觉察到你对他的这种感受。例如，经常不耐烦或皱眉头，就是在无声表达你的轻视之感，会让原本就不配合的他更加逆反。但如果学生知道，无论他怎么不听话、怎么逆反，你都真心实意地关心他、心甘情愿地教育他，那么他会比较愿意认真听你说话、好好配合你。你可以直言不讳地表露你的真心，比如对孩子说："麦克，我喜欢辅导你。你是个很棒的孩子。"如果他们做了不恰当的事，比如经常插嘴，你可以说："你总是插嘴，这可怎么办才好？我知道你不是故意的，我也很愿意你在小组里学习。可我不喜欢你老是插嘴，因为你一插嘴，我就没法好好讲课了。你觉得我们应该怎么办呢？"这样做的目的，是让孩子一起参与解决问题，让他觉得自己并没有因为这个问题而受到攻击或丢脸，从而更加积极地想办法解决这个问题。"麦克，要不然在你插嘴的时候，我给你一个信号，比如咳嗽一下，提醒你插嘴了，可以吗？如果这样做之后你不再插嘴，而是等我叫你再发言，我还会给你奖励。比如在我讲解技能的时候，如果你能举手发言而不是随便插话，我会额外奖励你 10 个积分。怎么样？"

在开始上课之前，和学生玩一玩、乐一乐，发个奖品什么的，有助于建立信任感，到了上课的时候，学生就比较容易用积极的眼光来看你。如果是班级老师，可以想办法提高课程的趣味性，并将奖励机制纳入课堂常规之中。最重要的是，对那些难以控制情绪的学生，我们要保持一个接纳与平和的态度。火上浇油毫无意义。据我的经验，我有时之所以失控发火，往往是因为自己准备不足，无法处理孩子的问题行为。也就是说，我的怒气暴露的恰恰是我自己的无力感。如果我提前准备了应对之策，哪怕那个对策当时并不奏效，我也不那么容易发火。

凡事预则立，我和麦克的互动可以很好地说明这一点。在小组的最初几节课上，10 岁的麦克总是"我行我素"，不肯配合我好好听讲，也不愿意参加小组游戏。他的对抗让我觉得自己是个无能的老师。这种挫败感让我郁闷至极，每次他不听话的时候，我都忍不住提高音量。但我的愤怒让他更不听话。意识到这种状况之后，我开始想办法解决问题。如果他不尊重我或违抗我的指令，我会给他警告，警告无效，则取消奖励。尽管事实证明这种做法也不能有效减少他的对抗行为，但我却因此保持了平和的态度，在给他警告和施以后果的时候可以不动声色。我的平和至少阻止了事态的升级，使他不至于因为我的怒气而更加对抗。后来，我偶然了解到麦克来训练小组之前在学校的表现，终于明白了他的对抗从何而来。如果某一天他在学校表现完美，那么在训练小组的态度就会很差；反之，如果在学校的表现很差，来训练小组之后就会比较积极。其实，无论在学校还是小组，麦克都要消耗很大的精力来应对各种要求。在一天的学习之后，他需要稍事休整，才能继续跟上小组的节奏。我把这些告诉了麦克，并让他在小组训练的最初10分钟休息放松。果然，在余下的时间里，他变得配合多了。他知道我支持他，也理解他的压力，愿意帮助他在小组中好好学习。

保持兴趣和理解

如果我们的课程好玩有趣并且符合学生的接受水平，那么大部分的不恰当行为是可以避免的。所以，与其煞费苦心地用各种奖励法、后果法来解决不恰当行为，不如先想办法让教学活动变得更加有趣、更好理解。

我常常会利用学生的特殊兴趣来进行技能教学。比如，我们会通过假装采访他们喜欢的名人，来练习对话技能。自从拳王泰森在比赛中咬了霍利菲尔德的耳朵之后，接连好几节课，小组里的少年们都津津乐道于此，完全无心学习。于是，我们便假装与泰森展开对谈，练习发起对话和保持对话的技能。

我还有几个学生是智力问答节目《危险边缘》的忠实粉丝。所以，在学习新技能的时候，为了让他们集中注意力，我会提议大家一起玩"危险边缘"，看谁能想起技能的各个步骤。但粉丝们十分维护原节目的游戏规则，不愿意有任何的违背。比如，节目要求答题者以问题的形式做出回答，但事实上，好几位组员都很难做到这一点。经过商议，我们改掉了以问作答的玩法，并给游戏换了个新名字，叫"仿版危险边缘"。于是，"危险"粉们在开始复习技能之前会说上这么一段："这里是'仿版危险边缘'，我们在'仿版'索尼影视公司现场直播，我是你们的主持人'仿版'亚历克斯·崔贝克。此刻正在进入直播间的是约翰，约翰今年12岁，来自新泽西州的海兰帕克……"。等介绍完小组成员，我便开始复习提问，如果学生回答正确（无论有没有用问句形式），我会奖励游戏纸币。

关于应对情绪失控的经验之谈

虽然丹尼尔·戈尔曼（Daniel Goleman）在他关于情商的书里未曾谈及阿斯伯格综合征或孤独症，但他陈述的概念却非常适用于阿斯伯格学生，因为他所说的"被情绪绑架"（Goleman, 1997）在这些学生身上尤为常见。也就是说，在极度愤怒的时候，他们似乎会丧失理性思考的能力。举例来说，我有个学生叫扎克，6岁，他和妈妈一起来参加预约好的训练课。半路上，他看到一家玩具反斗城的店铺，便要求妈妈停下来买玩具。眼看预约的时间就要到了，妈妈拒绝了他。结果，扎克就生气了，到我办公室的时候还怒气冲冲的。我们努力安抚他，跟他解释因为要迟到所以不能去，没用；威胁他如果再生气，回家就不许看电视，结果是火上浇油；许诺他上完课再去，依然无效——他还是怒不可遏，完全不可理喻。

像这样的情绪失控主要是发脾气，或者说一时"卡"在某个问题里出不来（不停地讲述让他不高兴的事，或因为没有得到想要的东西而大发脾气）。

规则1：在孩子情绪失控时，不要试图跟他讲理或威胁剥夺他的某种特权。这种时候最好的处理方法，往往是设法转移他的注意力，让他暂时忘却消极情绪的触发因素。

扎克非常爱玩纸牌游戏，为了转移他的注意力，我和他妈妈当着他的面玩起了纸牌。"我才不玩！"他大声嚷道。我们就当没听见，继续玩牌。不一会儿，他的妈妈便有些夸张地抱怨说自己要输了，不知道怎么办才好。于是扎克就凑过来看她的牌，但还是咕哝着"我才不玩"，只是语气不那么冲了。没过多久，他就拿过妈妈的牌，帮她打了起来。我这次没打算教他"输了怎么办"，所以很快就让他赢了。他终于开心起来，上完了剩下的课。这一次，他总共用10分钟左右就缓了过来，但平时在学校，若不转移他的注意力，他的脾气可能会持续整整两个小时。

为了让学生走出情绪失控的状态，你必须用他感兴趣的东西吸引他。如果他喜欢玩电脑游戏，那么在他的视线之内打开他喜欢的游戏，就是一个转移注意力的好办法。就像糖尿病人无论到哪儿都随身带着胰岛素，用来转移注意力的东西也要随身携带，以备不时之需。

转移注意力不意味着迁就孩子的脾气，而是帮助孩子摆脱困扰他们的事物。在这个过程中，注意不要跑偏，变成奖励孩子的坏脾气。如果孩子因为你不给看电视而发脾气，那么，看电视就不是转移注意力的好方法。我2岁的儿子会因为我不给他吃我的甜点而生气，但我不会因此而给他吃，我会用他喜欢的某个玩具转移他的注意力。

规则2：当孩子从情绪失控中走出来以后，你们必须一起制订计划，防范失控行为的再次发生。

首先，你们要找出失控行为的触发因素。一个简单的方法是用日记记录失控行为，记下行为发生前后都发生了什么（见下一节"功能性评估"）。仔细阅读日记，你会找到情绪失控的前因或触发因素。在扎克的例子中，触发因素很明显，就是他没能去玩具反斗城。等他平静下来以后，我需要教他一个技能，让他知道下次不能去玩具反斗城的时候应该怎么办。

我和扎克专门为此设计了一套"认知图片演练"法（见第4章），从中我们可以看到，如果扎克妈妈拒绝去玩具反斗城而扎克表示接受，他可以获得怎样的好处。我们的卡通图片是这样刻画整个过程的：扎克要求去玩具反斗城，妈妈说"不行"，扎克说"好的"并且没有发火，后来妈妈带扎克去玩具反斗城买了一个玩具，奖励他之前同意不去。我们带扎克熟读整个过程，直到他能自己复述出来。然后，每次来上课之前，妈妈会再和他捋一遍这个过程，让他知道经过玩具反斗城的时候应该怎么办。只要他同意半路不去玩具反斗城，妈妈就会奖励他下课后去一次。最终，扎克学会了等待，去玩具反斗城的时间间隔也越来越长，他完全理解了等待的价值。

这本书里介绍的所有训练社交技能的策略（认知图片演练、社交故事、结构化学习、社交技能图画书）都是提前教学生技能，让学生做好准备，以便在遇到问题时能合理应对，而不至于生气或失控。我们称这些方法为"善前方法"，因为它们在问题发生之前就已经告诉孩子应该如何处理问题了。而奖励和惩罚之类的方法则属于"善后方法"，是在问题发生之后才开始起作用的。一个好的行为管理计划必须包括某种"善前"的方法，在孩子出现不良行为或遇到问题之前未雨绸缪、提前准备。比如，扎克在到我这里上课之前进行的认知图片演练就是在"善前"，而在到我这里之后，根据他路过玩具店时的行为表现决定是奖是罚，则属于"善后"。

功能性评估：教孩子使用替代行为

想让学生提前做好准备，避免问题的发生，我们通常需要教他们用合理的方式来争取他们想要的东西。比如，如果凯文总是因为不想写作业而发脾气，那么我们最好教他如果不想写作业，应该向老师提出暂停请求，而不是乱发脾气。

"功能性评估"提出的是这样一个问题："这种不恰当行为为什么会发生？"通过观察问题行为发生的时间、场合、他人的反应，我们基本就可以判定该行为的功能或原因。这里我们不讨论功能性评估的具体方法，感兴趣的读者可以参阅杜兰德的书（Durand, 1990）。我想谈的是扰乱行为到底承载了怎样的功能，希望我的解读可以让你们对扰乱行为有一个新的认识——它们也是教学恰当行为的契机。

杜兰德（1990）认为，"问题"或"扰乱"行为一般有四种典型的功能。这些功能如下所列，与之相应的是解决该种扰乱行为的策略推荐。

行为的功能

逃避/回避害怕的、困难的或无聊的任务

- 教他们如何提出暂停请求。
- 调整任务，使之更有趣、更好理解或更加简单。
- 加大对参与任务的奖励力度。
- 循序渐进地接触害怕的情境（比如，先旁观活动，然后参与活动的某一个环节，再参与活动的两个环节）。
- 使用奖励，调动着手完成任务的积极性。孩子想要的奖励有可能是减少作业量。

寻求关注

- 教他们用更好的方式获取关注（比如，如何发起对话、如何请别人一起玩）。
- 让学生在小组或班级同学面前展示她的长项，让她也有机会焕发光彩。
- 让他知道当"好观众"的重要性（比如，被人喜欢和被人注意是两码事；有时，当你没有成为大家关注的焦点时，反而更受欢迎）。
- 使用隔离冷静法。

获得物质奖励

（即学生因为没有得到想要的东西而发脾气）

- 教他们延迟满足或等待他们想要的东西。见第 8 章"接受别人的拒绝"。

自我刺激

（比如，通过摇晃身体、扇手、快速旋转、重复电视里听来的台词安抚自己）

- 教他们放松的技巧，如"保持冷静"（见第 8 章）。
- 教他们使用不太打扰别人的安抚或刺激方式（比如，玩挤捏球）。

关于坚定与宽容的经验之谈

什么时候该坚定，什么时候该宽容，与我们上面谈到的教孩子使用替代行为密切相关。我们既要让阿斯伯格学生像大家一样遵守规则，也要照顾到他们的特殊困难。那么，究竟什么时候该坚定、什么时候该宽容呢？

规则 3：如果孩子已经学过用恰当的方式获取想要的东西，但依然选择了不恰当的方式，那么我会选择坚定，甚至让她尝到行为的后果。但如果她还不知道恰当的应对方式，只知道生气，那么我通常会选择宽容。

比如，想象一下小乔第一次来技能训练小组的情形。他从一开始就拒绝参与我们的活动，尖叫着说要离开。但我没有因为他的拒绝而施以任何负面的后果，而是选择了宽容。我告诉他，我们会用一些办法让我们的课变得更加有趣。如果他不为所动，依然想离开，我也不阻止。比如，这堂课我会和他一起玩几个游戏，而不只是学练技能。然后，在下课之前，我会教他，下次上课，如果不想参加活动，不要尖叫，要使用恰当的方式，比如提出暂停。我们还通过角色扮演展示了要求暂停的过程。我告诉他，我会给他三张"暂停卡"，每张卡可以暂停三分钟。当他想要暂停的时候，就把卡递给我。我还告诉他，我们每次上课最后都会有好玩的游戏，如果认真参与，他还可以得到奖励。我们商量了三种他喜欢的奖励：零食、小玩具、下课回家玩电脑（跟他妈妈说好）。我也指出，如果他还是尖叫而不是要求暂停，我会给他一次警告。如果他再次尖叫或发脾气，我会再次警告。如果有第三次，那么他将失去零食奖励的机会。第四次，他将失去玩具奖励。第五次，回家就不能玩电脑了。好了，既然他现在已经有所准备，知道了恰当的回避方式，我就要坚定地执行我们的约定了。如果他选择不恰当的回避方式（比如尖叫），我会提出警告，继而按照约定，依次取消各种特权奖励。

等到第二次上课的时候，我把三张暂停卡交给小乔，并提醒他：如果不想上课，可以要求暂停三分钟，但不能尖叫；如果尖叫、发脾气或暂停后不想回来，那么他会收到一个警告；如果警告无效，他还是不配合，就会被再次警告；如果还是不行，就会被依次取消奖励（即零食、玩具和玩电脑）。在技能学习时间，小乔就开始试探这一规则，他尖叫起来。于是我警告了他，并提醒他可以使用暂停卡。但他却继续尖叫，还倒地不起。我再次警告他，跟他说："你不需要尖叫，要求暂停就可以啦。这样你还有吃零食的机会。"这一次，小乔使用了暂停卡。我提醒他三分钟后回来，否则就没有零食可吃。于是，他到我办公室的等待区看书去了。三分钟后，他回到小组中，跟大家一起学习技能。几位组员问我，他们是否也可以暂停，我回答说可以，但我不觉得他们需要像小乔那样去暂停。他们大致接受了我的意见，因为他们普遍享受小组的学习活动，都愿意配合我。

代币制的使用

如果小组成员的年龄在 10 岁左右或者更低，我通常会在教学中使用代币制。我会给学生们奖励游戏纸币，让他们兑换小奖品或其他任何有效的激励物。纸币的好处在于具体而直观，使用时比一般代币更加安静，还多少能引发孩子对奖品的联想，使之更具激励性。当某位学生遵守课堂纪律时，我会给他发放纸币。或者，为了激励学生使用技能（比如发起对话、进行追问），我也会发放纸币。发放纸币没有固定的频率，一节课60分钟，我可能每分钟就发出一张，也可能10分钟才发出一张。在第5章关于第一节课的文字记录中，你可以看到我是如何给学生介绍这一制度以及在课上是如何发放纸币的。

一般来说，我会在学生没有不良行为的时候发放纸币，比如，小组成员都在认真听讲、听从指令的时候。换句话说，我必须"捕捉"他们的良好表现。如果某个孩子在静静地听别人发言，我会说"听得很认真"，然后递给他1元纸币。但有时我也会在孩子出现不良行为的时候发放纸币。那时，我会转向其他学生，给他们每人1元。比如，假如梅根不好好听课，甚至离开座位在一旁转悠，我会说："让我们看一看，谁在认真听讲。"然后，给大家每人发1元，只有她没有。当她回到座位开始听讲，我会告诉她，如果她能保持这样的听讲姿势，一会儿（比如10秒左右）我也会给她1元纸币。这样做有一个重要的目的——避免与行为不良的孩子产生权力之争，因为你将你的关注点放到了行为表现良好的孩子身上。如果你将注意力放在行为表现不良的孩子身上，那么你会偏离你的课程计划，也会让其他孩子分心。

如果我明确规定，孩子需要攒满10元才能获得奖品，那么我通常会想办法让所有学生在下课前都能攒到9元左右。这样，我就能让学生完成下课准备，比如穿好外套和鞋子、带上技能作业单、排队，以赚取这最后的1元钱。

在极少数情况下，我会没收学生的纸币，当作一种行为后果。但如果学生不愿意把纸币还给我，我也绝不会去争抢，我会记得在他最终的纸币数量中扣除相应的数量。还有一些学生在收到纸币后反而会分心，那么我会在纸币上写上他们的名字，将纸币暂存在杯子里，或交给他们的父母保管（如果父母也一起上课的话）。

典型的奖励包括零食、贴纸、某个游戏或玩具、下课后和父母去某个特别的地方等。毋庸置疑，只有让学生满意的奖励才是有效的奖励，但在实际操作中家长们常常忘记这一点。这意味着我们要知道孩子的喜好，并根据喜好的变化随时更新奖品。我们要问问学生："今天你想要什么奖品？"只要你问，很多学生都是愿意告诉你的。

有些青少年会抗拒代币制，认为他们已经足够年长，不适合这种"小儿科"的奖励方法了，或者不喜欢被奖励所"控制"。很多青少年小组确实不需要使用代币制了，因为孩子们已经表现出了足够的自控力。对于那些抗拒代币制，但事实上还需要经常提醒才能保持专注的青少年，我通常建议继续使用纸币，但不是用来兑换奖励，而是记录他们的良好行为。比如，我会承认发奖品对他们来说确实小儿科了，但会建议在他们专心听人讲话的时候给他们发放纸币，让他们知道自己在这方面表现良好——得到纸币，说明他们听得很专心；被没收纸币，也无关奖励或特权的失去，只是无言地提醒他们刚刚跑神了。纸币在这里起到的是视觉提示的作用，让学生知道自己的表现，从而更好地调节他们的注意力。

对大部分学员，我会在训练12～24周之后，开始逐渐取消代币制，转而依靠单纯的口头表扬来进行正面的强化。对那些特别容易走神、特别冲动或多动的孩子，我会继续使用代币制，但仅限于这些个体。我会这样说明情况："我知道你很难保持专注，所以打算让你重新开始使用代币制，方便你了解自己的表现。如果你积攒了足够的纸币，就可以兑换奖品。虽然其他同学不再会有纸币奖励，但他们同样需要好好表现,才能在下课时得到奖励。"

偶尔,学生会因为在小组之外遭遇压力情境或压力事件,而不能保持专注,无法适应学校或训练小组的秩序。也有一些学生会由于用药变化而在一段时间内显得比较焦躁或不耐烦。这些时候,我们都可以重新引入代币制,直到压力期过去。

第 7 章

促进技能泛化

　　社交技能训练的一个目标，是促进小组之外的社会性适应。为此，训练班上的一周一练是不够的。只有在真实情境中不断重复技能，才能突显技能的意义，提升学习的效果。熟能生巧，高度的重复最终会让技能成为习惯而不再费力。这就好比学奏新曲：一开始，大部分音乐家都要有意识地思考正在弹奏的音符，将纸上的音乐转换成特定的肌肉运动；但经过大量的重复练习，他们不必想音符也能奏出曲子，仿佛音乐是自然流动出来的一样。社交技能的学习也是这样，经过充分的练习，技能最终也会达到自然流动的状态。

　　除了持续的练习，孩子在接受训练之前理解概念的能力越强，就越容易泛化在小组中学到的技能。正如之前提到过的，在学习发起对话时，有些孩子是以询问与过去、现在或未来相关的问题作为开场白的，比如，"你这周过得怎么样？""你在做什么？""你放学后打算做什么？"掌握了这一概念，不管遇到什么样的情境，学生基本都能说出得体的开场白。比如，在周一可以问别人周末过得如何，在周五可以问别人打算如何过周末。但如果是死记硬背各种开场白的孩子，比如，直接学习问别人"周末过得怎么样"，就比较难以将其泛化到其他情境中去。因为情境一变，这句话就不再适用。比如，如果在周五这样问，就会让人感觉怪怪的。因此，对那些不太能理解概念而只会死记具体语句和动作的学生，我们尤其需要加强技能课之外的训练，鼓励他们在不同情境下练习技能的不同版本。

　　但我们也要记住，不是所有问题都可以通过社交技能训练来解决的。教学生怎么做以及为什么这么做，不能保证他们一定会这么做。冲动性极强的个体可能还需要通过良好的行为管理和/或必要的药物治疗，才能很好地运用技能。比如，某位 ADHD 学生可能学习了插话技能，知道要等别人停下后再插话，也知道为什么要这么做，但由于注意力和冲动控制问题，他可能就是等不及。对这样的个体，可以试试奖励他的等待行为，可能的话还可以用药物来控制冲动。还有一种情况，有些个体会因为太过焦虑而无法运用所学技能。比如，就算学会了发起和保持对话的技能，他们也可能因为害怕别人的拒绝或羞辱而无法付诸行动。这样的个体可能需要通过治疗来克服这种自我挫败式的想法，也可能需要用药物来减轻焦虑。

角色扮演及练习指导

好几个因素都有助于促进技能在课堂外的泛化。首先，在小组训练中进行的角色扮演，应该尽可能地接近学生在小组之外面对的真实场景。比如，为了角色扮演展现在学校午餐时发起对话或在课间加入同学的游戏，小组训练可以真的端上餐食、玩起学生在课间玩的游戏。

为了促进课后的技能练习，我们会将第 8 章里的技能讲义作为书面的练习作业发给学生，要求他们考虑课后将与谁、在什么时候进行技能练习。通常，如果学生能在下周将这份作业交回来，就说明他们练习了技能，那么我会给予奖励。即使对于大一点的孩子，零食也还是有激励作用的。不过，如果他们能积攒很多份这样的练习作业，我会奖励他们在课堂或小组内享受特别的特权，比如举行派对或外出实地考察等。

课后练习的关键，在于有效发挥家长和老师的督促作用。我们每一份技能讲义的后面都附有一份活动建议，这两份资料会在每次训练课之后同时发给学生。家长和老师可以参照这两份资料，帮助孩子在小组之外同步练习并使用技能。

家长参与

在我个人开办的训练班里有一个规定，8 岁及 8 岁以下儿童的家长必须参与技能训练。即便是在学校里，我也常常邀请家长过来观察孩子学习新技能的情况。也就是说，家长会过来观摩 20 分钟左右的技能学习环节，然后离开，以免打扰孩子接下来的课堂活动。在这一段时间里，家长可以从我这里学习在家引导孩子的方法。此外，如果孩子在训练中出现问题行为，家长也能帮忙解决问题。如果是稍大些的孩子，则无须家长陪同了，我会在小组训练后将所学技能告知家长。

在开始技能训练之前，我们会给家长提供一定的指导，让他们知道怎样与孩子一起练习技能[见本章结尾"告家长书（样例）"]。家长可通过以下四项活动促进技能的泛化：

- 考查孩子对技能步骤的了解
- 示范并角色扮演展示技能步骤
- 鼓励孩子在需要的时候运用技能（即随机教学）
- 奖励技能运用

以外，我们还鼓励家长为孩子与小组中的其他成员组织聚会，让他们在玩耍中继续练习技能并增进友谊。

教师参与

在技能课之后，老师和辅助人员也应该收到一份技能教学讲义，这样他们才知道应该引导并表扬学生的哪一项技能。如果技能训练就在班级里进行，那么老师和辅助人员会参与其中，他们很容易掌握训练的情况。如果是在训练小组中进行，辅助人员通常会被邀请一同参加，这样他们也可以直接看到技能教学的情况。但我们也会给普教老师发一份技能讲义，让她始终知晓学生正在学习哪一项技能。

老师、学校辅导员或家长还可以从所学技能中选出几项做好行为记录，这也是促进技能泛化的一种方法。但有时技能训练师或老师要负责的学生太多，让他们自己制作记录表会有一定的困难。如果是这样，家长或学校辅导员可以请老师开个短会，一起编制表格。如果老师能拿到现成的记录表而不用自己设计准备，他们应该还是比较愿意做这样的记录的。

要知道，行为记录表不仅是一种与奖励挂钩的行为记录手段，也是一种视觉辅助，提醒学生本人及家长和老师，他正在努力练习哪些技能。用于促进技能泛化的行为记录表可以采用不同的形式。本章最后就有两张不同的样表。其中一张针对单个的学生，学校、家庭均可使用（见后文"个人行为记录表"及"个人行为记录表使用说明"）。学生在学校获得的积分可以在家里兑换奖品，比如，孩子只有白天在学校获得一定的积分，晚上在家才能看电视或玩电脑。在同一段时间内，最好只选 2～3 项技能作为泛化目标，即使孩子在训练班学习的技能远不止这些。比如，在样表中，我们选了三项需要泛化的技能目标。前两项技能分别是遵守课堂纪律和做课堂作业，需要每天跟进并且持续一整年，第三项目标"本周社交技能"则会不时发生变化。它可以是学习"插话的方法和时机"，如果学生连续几周都能在这一项获得高分，那么我们会将其更换成他学过的另一项技能，比如"做出让步"。当然，我们可能只记录学生在午餐/课间和小组合作中的让步表现。如果学生依然连续几周稳定地获得高分，我们就会再次将记录目标换成孩子正在学习的另一项社交技能。

第二张样表（见"社交技能班级行为记录表"）是用于记录整个班级的社交技能学习情况的。个体或整个小组只要表现出目标技能，就可以获得积分。当积分达到一定程度，就能获得奖励。比如，我们将技能课上学过的"接受别人的拒绝"和"做出让步"作为记录目标，当学生接受拒绝或做出让步时，在他名下计 1 分。跟学生解释清楚，当他们的积分达到一定数值之后，就可以获得奖励。这个积分数值最好与学生每天表现出的技能次数相等。例如，如果学生每天能接受拒绝和做出让步的次数为 5 次，那么我们可以对他们说，如果谁的记录表分数达到 5，就可以获得奖励（零食或特权）。我们也可以计算整班学生的总分，当总分达到某个分值（比如学生总数的 5 倍）时，整个班级将获得奖励（比如吃比萨、看电影或自由活动）。

如果班级较大，那么比较友好的积分方式是坎特的"玻璃弹珠罐"法（1987）。具体的做法是，当任何学生表现出目标技能时，就往罐中投入一颗弹珠或一个代币，当罐内的弹珠积累到一定数量（一般为 50～100 个）后，整班获得奖励（如一次派对、一节额外的美术课等）。为了不给学生和老师造成太大负担，明智的做法是一次只记录 2～3 项技能。此外，不要因为学生的不良行为没收他们已经获得的弹珠，要保持学生对这一激励法的积极态度。

如何引导值得奖励的行为：塑造与纠正

对于正在记录的目标技能，老师和家长都必须时刻警觉，及时奖励孩子的每一点积极表现。很多情况下，成人还必须学会主动引导孩子的技能表现，而不只是被动地等待。为此，我们有必要学会塑造和纠正孩子的行为。

在**塑造**行为的过程中，我们不一定能看到孩子展现完整的技能过程。我们可能需要先引导他们完成技能的一个部分，然后奖励这个不完整的表现过程。比如，学生在与陌生人见面时可能会忘记做自我介绍，那么我们就提醒他自我介绍的步骤。当他下次能做自我介绍的时候，又可能无法始终保持目光接触，但是没关系，我们仍然奖励他，因为他的表现确实比上次进步了。

在**纠正**行为的过程中，我们可以利用不恰当行为来引导并奖励恰当行为。比如，当孩子插嘴时，我们可以告诉她"等他停下来，然后说'不好意思'"，如果她能照做就给她奖励。

总之，如果孩子的记录表上没有赚到任何积分，那么我们必须想办法让他们赚到。我们不能消极等待孩子自己表现出目标行为，而必须主动引导，哪怕是目标行为的某一个步骤，哪怕是在他们表现出不良行为的时候。作为老师、家长、训练推进者和辅助人员，我们还要有意识地营造环境，让孩子非运用技能不可，并且还因此而获得奖励。

也就是说，我们要"诱导"孩子的行为。这意味着我们要做一些安排，让学生不得不施展他的技能。比如，在学习"接受别人的拒绝"这一技能时，你告诉学生，你将测试他们接受拒绝的能力。然后，你拿出他们喜爱的食品、游戏或玩具，等他们开口问你要。当他们问你要时，你回答说："不行，不能给你。"如果他们能接受，你就说："真棒，你能接受我的拒绝，给你的记录表上加1分。"再比如，在学习"理解他人的感受"时，你可以故意在孩子面前摔倒，大声装疼，然后等他们过来问"你没事吧"。如果孩子没有反应，你可以说："如果我看起来很疼，你可以说什么？"至于对话技能，我们可以将学生两两配对，指定他们用某一个开场白向对方发起对话（见第8章"发起对话"及"保持对话"），然后，我们用积分奖励他们发起了对话。

下一章里，我们将给大家集中展示各项技能的训练方法。除了展示技能课上会教授的技能步骤之外，我们也会展示如何诱导孩子运用技能，如何纠正不良行为，以及如何广泛地练习技能从而促进技能的泛化。

个人行为记录表使用说明

1. 每个学生都有一份每日行为记录表。每一节课，老师都会给表上的 3 个目标行为打分：遵守课堂纪律、做课堂作业、本周社交技能（即当周重点关注的一项技能）。

2. 此表随学生在不同科目之间流动，并且必须由每节课的任课老师或辅助人员填写。

3. 第一周为测试周，测试周每天计分，一周后得出一周基准分，再算出该学生的每日平均积分值。

4. 根据每日平均积分值，确定学生每天应该获取的目标积分值。每日平均积分值 ±5，即为"兑换每日特权需要积分数"。

5. 学生在攒够"兑换每日特权需要积分数"后，可以在学校或在家享受每日特权。在校的每日特权可以是作业免做卡、零食、最后一节课自由活动等；在家的每日特权可以是看电视、玩电脑、外出玩耍等。

6. 兑换每日特权后剩余的积分可以计入积分储蓄，用以兑换特别特权。积分储蓄可以持续几周甚至几个月，储蓄记录应该公开透明。可以张贴在家里显眼的位置上，也可以换成硬币投入玻璃罐，还可以采用学生和家长喜欢的其他任何形式。特别特权可以包括音乐 CD、电脑游戏、去电影院等物质奖励。

7. 如果可能的话，这一计划应该与家长协作完成，这样学生在学校赚到的积分也可以在家兑换每日特权和特别特权。如果家长愿意参与，那么可以规定学生必须将每日在校评分带给家长才能兑换特权。如果学生忘记交给家长，那就默认当天没有得到足够的分数，无法兑换特权。这样做有助于防止孩子故意隐瞒分数，影响家长的参与。

个人每日行为记录表

姓名：_____　　　　日期：_____

请给这位同学在每个目标领域的课堂表现打分，打分标准如下：

　　　　　　1 分 = 仍需努力　　　　2 分 = 良好　　　　3 分 = 优秀

目标行为	第 1 节课	第 2 节课	第 3 节课	第 4 节课
遵守课堂纪律				
做课堂作业				
本周社交技能				

目标行为	第 5 节课	第 6 节课	第 7 节课	第 8 节课
遵守课堂纪律				
做课堂作业				
本周社交技能				

每日平均基准分：_____

兑换基本特权需要积分数：_____

兑换特别特权需要储蓄积分数：_____

社交技能班级行为记录表

说明：当学生表现出以下任何一项技能时均可得分，一次1分。

技能	姓名				
1.					
2.					
3.					
4.					
5.					
6.					
7.					
8.					
9.					
10.					

当学生获得_____分，他/她可以获得_____。

当全班获得_____分，全班学生可以获得_____。

告家长书（样例）

亲爱的家长、监护人：

正如您所听说，学校已将社交技能训练纳入了班级的课程内容。未来12周里，您家孩子将接受每周一次的社交技能训练。训练课会安排在每周一上午的10点，课程内容为新授或复习一项社交技能。我们会鼓励孩子在课后练习技能并予以奖励。此外，我们还会每周下发一份书面的技能概要，帮助您督促孩子练习技能。正常情况下，这份材料会在每周一课后发到孩子手中，请注意查收。

社交技能教学最大的难点，在于确保技能在课堂外的泛化。要让孩子学会并独立运用这些技能，除了要加强在校练习，在家练习也必不可少。为此，我们请您共同参与到孩子的技能训练中来。具体的参与方式如下：

1. 可能的话，参加周一上午的技能训练课，了解孩子正在学习哪一项技能。这样做可以更好地掌握在家辅导孩子演练技能的方法。

2. 在收到技能材料之后，每天晚上帮助孩子练习技能：

a. **考查**孩子对技能步骤的了解。采用游戏的形式，奖励正确的回答。

b. **示范**技能并与孩子一起角色扮演展示技能。如果孩子不太愿意参与，用奖品激励他/她。

c. 不失时机地**辅导**孩子运用所学技能。比如，如果孩子正在学习"插话"技能，但他没有等别人停下就直接开口说话了，那么你就提醒他/她等对方停下后再说话。你可以用奖励星星或贴纸的方法来提高孩子运用技能的积极性。比如，每次当孩子能用恰当的方式插话时给他/她1颗星，集满5颗星就可以兑换特别点心、特权或其他奖励。

如有任何疑问，请随时与我联系，或咨询孩子的老师。

杰德·贝克博士

第8章

社交技能训练课及训练活动

本章的主要内容是技能课讲义以及配套的活动建议。讲义部分的编排顺序如下所列；活动建议则列举了在家和在课堂上展示、练习和强化技能的方法。希望这种课堂讲义加活动建议的方式，能给老师与家长的技能教学和练习提供指导。

沟通技能

对话技能

1. 与他人保持恰当的身体距离（"不侵犯个人空间"）
2. 倾听姿态
3. 语音语调
4. 打招呼
5. 插话的方法和时机
6. 紧扣话题
7. 保持对话
8. 轮流讲话
9. 发起对话
10. 加入对话
11. 结束对话
12. 不懂就问
13. 说"我不知道"
14. 介绍自己及他人
15. 认识新朋友
16. 引出大家感兴趣的话题
17. 给讲话内容提供背景信息
18. 转换话题
19. 别说太久

20. 敏感话题

21. 恭维别人

22. 对话四原则：声音愉悦、目光接触、交替轮流、保持距离

23. 对话四要素：时机、打招呼、开场提问、进一步追问

合作游戏技能

24. 请别人一起玩

25. 加入别人的游戏

26. 做出让步

27. 分享

28. 轮流

29. 玩游戏

30. 输了怎么办

31. 赢了怎么办

32. 结束游戏活动

友谊管理

33. 正式与非正式行为

34. 尊重个人边界

35. 事实与观点（尊重他人观点）

36. 共享朋友

37. 用积极的方式获取关注

38. 不做"规则警察"

39. 乐于助人

40. 什么时候告状

41. 谦虚

42. 约会

43. 恰当的接触

44. 应对同伴压力

45. 应对谣言

46. 给朋友打电话

47. 接电话

情绪管理技能

自我调节

48. 识别情绪

49. 情绪温度计

50. 保持冷静

51. 解决问题

52. 生气时找人倾诉

53. 应对家庭问题

54. 理解愤怒

55. 应对错误

56. 应对作业难题

57. 尝试新事物

共情

58. 关心他人的感受：学前—小学

59. 关心他人的感受：青春期前—成人

60. 安慰朋友

冲突管理

61. 维护自己

62. 接受别人的拒绝

63. 应对嘲笑——学前到4年级

64. 应对嘲笑——5年级及以上

65. 应对嘲笑还可以怎么说

66. 应对落单

67. 避免被"陷害"

68. 用积极的方式提出批评

69. 接受批评

70. 保持尊重的态度

技能教学

我们每一项技能的教学都是按照结构化学习的方法（见第4章）来设计的。正如之前提到过的，结构化学习由四个部分组成：

- 讲述教学（用语言或图片来解释技能步骤）
- 示范（现场演示技能的操作过程）
- 角色扮演展示技能并给予反馈（让学生亲自体验技能的全部过程，并给予纠正性反馈，直到他们能准确地运用技能）
- 课外的练习作业

首先是**讲述教学**，可以先将技能步骤写在黑板或墙报上，给学生讲解其中的每一个步骤。然后，成人进行**示范**，既示范正确的方式，也示范不正确的方式。每示范一个步骤，要求学生判断其正确与否（见第4章）。接下来，学生在成人引导下通过**角色扮演**展现运用技能的过程。最后，我们将技能训练单（讲义）当回家作业发给学生，鼓励学生在课后**练习**技能，并在下次上课时交回填好的单子，让训练人员了解大致的练习情况。

此外，我们为每一项技能都准备了专门的**活动建议**。我们不仅介绍让技能展示更加生动有趣的方法（比如，采用有奖竞猜之类有吸引力的活动形式），也介绍适合技能示范和角色扮演的各种情境，还介绍各种有助于促进技能泛化的练习活动。

一般来说，我们对每一项技能的活动建议都涉及 4~5 项内容：

1. 可以用来进行技能示范和角色扮演的各种情境。

2. "诱导"技能的方法。也就是说，做某件需要学生展示如何使用技能的事。比如，在学习"接受别人的拒绝"这一技能时，你可以告诉学生你将测试他们接受拒绝的能力。然后，给他们看他们爱吃的零食、爱玩的游戏或玩具，等他们开口问你要。当他们问你要的时候，对他们说："不行，不能给你。"如果他们能接受这样的拒绝，你再说："太棒了，你能接受我的拒绝，所以现在可以给你了。"

3. 纠正不恰当行为。教你如何在孩子表现出不恰当行为的时候，不失时机地教授恰当的方式。

4. 表扬和奖励技能运用。即建立奖励机制，提高学生主动运用技能的概率。

5. 针对某一项技能的特别说明或特别做法。可能是只适用于某项技能的特殊建议，比如，在教"接受别人的拒绝"时我们建议，如果学生能接受拒绝，那么你可以在之后加倍奉上他们想要的东西，让他们看到暂时的等待可以换来怎样的回报。

虽然单靠本章的技能讲义和活动建议，你就可以开展技能训练了，但我们仍然建议你好好读一读其他各章的内容，尤其是第 4 章和第 5 章，可以帮助你更好地理解技能训练课的上课方法。而第 3 章关于评估的内容也非常重要，有助于你理解应该教哪些技能，以及如何安排这些技能的先后顺序——将你的关注点集中到那些与学生的需要密切相关的技能上来。而在这些技能中，有些技能是其他技能的先决条件，必须将这样的技能先教给孩子。

技能 1

不侵犯个人空间

1. 站立时，与人保持至少一臂的距离。

2. 别靠太近。

练 习

我将和谁一起进行这个练习? _____

什么时候练习? _____

练习中发生了什么? _____

我表现如何? _____

"不侵犯个人空间"活动建议

1. 角色扮演呈现学生必须调整个人空间的各种情境。在每一种情境中，让学生或旁观者说出什么时候扮演者靠得太近、什么时候距离正好。建议扮演：

a. 与人见面时打招呼，离开时说再见。

b. 在学校或公共场所排队（比如，电影院、商店）。

c. 乘坐公共交通工具（比如，坐或站时不靠人太近）。

d. 使用公共卫生间（比如，如果便池空位充裕，就不选紧邻他人的位置）。

e. 向某人索要某物（比如，索要某人手上的食物、借玩某人的玩具或游戏）。

f. 打断某人讲话，对所讲内容提出疑问或请求允许做某事。

2. 技能诱导，即做某件需要学生与人保持恰当距离的事：告诉她你马上要测试她能否与人保持至少一臂的距离，然后，在跟她说话或与她一起排队时故意靠她太近。

3. 纠正不恰当的距离。说："不要侵犯别人的个人空间，因为那样会让人觉得不舒服。如果觉得不舒服，他们就不想和你一起玩了。请与他们保持一臂的距离。"

4. 奖励恰当的距离。

a. 口头表扬正确或部分正确的距离。

b. 当学生能在课上与人保持恰当的距离时，给予代币、硬币或积分奖励。当代币达到约定的数量（比如5个）时，发放特别奖励（比如零食、贴纸或玩特别游戏的特权）。

技能 2

倾听姿态

1. 进行目光接触。

2. 保持安静。手脚不乱动。

3. 不插嘴。别人正在说话时，不要说话。

4. 上课发言要举手，等老师叫你后再说话。

练 习

我将和谁一起进行这个练习? _____

什么时候练习? _____

练习中发生了什么? _____

我表现如何? _____

"倾听姿态"活动建议

1. 角色扮演展示"倾听姿态"的技能步骤。家长或老师可以示范正确或错误的做法，让学生判断正误。建议角色扮演以下场景：

a. 听故事或听课

b. 听家长指导讲解

c. 听其他同学"展示与介绍"

d. 上课时举手问问题或要求去厕所

2. 纠正不恰当的听讲方式。让学生展现良好的倾听姿态。

3. 奖励恰当的倾听姿态。

a. 口头表扬正确或部分正确的倾听姿态。

b. 当学生能在课上表现出良好的倾听姿态时，给予代币、硬币或积分奖励。当代币达到约定的数量（比如5个）时，发放特别奖励（比如零食、贴纸、玩某个特别的游戏或看某个特别的节目）。

技能 3

语音语调

1. 说话声音不要太大或太小，别人能听到就够了。

a. 如果是在室内，而且周围几乎没有噪声，那么你应该轻声说话。我们叫它"室内音"。

b. 如果是在室外，或者周围噪声很大，那么你可能需要提高说话的音量。

2. 说话尽量不要太快，否则别人听不明白。

3. 用愉快、尊重的语气说话，除非你在生对方的气。

练 习

我将和谁一起进行这个练习?_____

什么时候练习?_____

练习中发生了什么?_____

我表现如何?_____

"语音语调"活动建议

1. 示范并角色扮演展示各种不同的"语音语调"。可以以游戏的方式来完成，反应正确者可以获得代币或奖品。无论是演示正确的学生，还是在一旁观察并做出正确评判的学生，均可得奖。

a. 让学生在下列情境中使用恰当的音量传递信息：

（1）在课堂或家里，周围没有一个人在说话（轻声）。

（2）在课堂或家里，周围有很多人在说话（较大声）。

（3）在课堂或家里，听的人就在身边（轻声）。

（4）在课堂或家里，听的人离得很远（较大声）。

（5）在室外操场上（较大声）。

（6）在室外观看演出，观众很安静（轻声）。

b. 让学生用愤怒或尊重/愉快的语气传递信息。尊重的语气通常更为轻柔，愤怒的语气则较为尖锐刺耳。试试将孩子的声音录下来，让她听听自己在以下情境中的不同语气：

（1）请老师同意她去某地或做某事（尊重语气）。

（2）让某人停止吼她或打她（愤怒语气）。

c. 让学生分别用较快的语速和较慢的语速传递信息。同样把声音录给她听。传递的信息尽量复杂，看看其他人能否听清并记住她的话。如果别人能清楚地接收到她的信息，奖励积分或奖品。

2. 技能诱导，即做某件需要学生使用恰当的语音语调的事。

比如，故意站远一点或制造背景噪声，看学生能否调节他的音量。

3. 当学生的语音语调不太恰当时，提供纠正性反馈。

4. 奖励恰当的语音语调。

a. 口头表扬正确或部分正确的语音语调。

b. 当学生每次或每节课上能使用恰当的语音语调时，给予代币、硬币或积分奖励。当代币达到约定的数量（比如5个）时，发放特别奖励（比如零食、贴纸或玩某个特别的游戏）。

技能 4

打 招 呼

1. 早上到校第一次见到某人时，你说："嗨，早上好！"

2. 在走廊碰到某人时，你说："嗨！"

3. 放学回家时，你说："再见！"

练 习

我将和谁一起进行这个练习？_____

什么时候练习？_____

练习中发生了什么？_____

我表现如何？_____

"打招呼"活动建议

1. 使用以下情境示范并角色扮演展示打招呼技能：

a. 假装学生在早上到校后与老师和同学第一次见面。演示正确的打招呼方式，即说"你好"或"早上好"。指出错误的方式，即不打招呼或对同一个人反复打招呼。

b. 假装在走廊里遇到人。练习说"你好"、"嗨"或挥手致意。

c. 假装放学了或家里的客人要走了。演示正确的道别方式。指出错误的方式，即不说再见或对同一个人反复说再见。

2. 技能诱导。早上一到校就来到学生身边，故意什么都不说，等他主动打招呼；放学时也是这样，等他主动跟你说再见。如果学生什么也不说，你先问候他或跟他说再见，等他做出正确的反应。如果他还是什么都不说，引导他。

3. 当学生不打招呼时，提供纠正性反馈。

4. 奖励恰当的打招呼方式。

a. 口头表扬正确或部分正确的打招呼方式。

b. 每次当学生能恰当地与人打招呼时，给予代币、硬币或积分奖励。当代币达到约定的数量（比如5个）时，发放特别奖励（比如零食、贴纸或玩某个特别的游戏）。

技能 5

插话的方法和时机

1. 判断自己是否需要插话。

2. 走近那个人。如果是在学校,想和老师说话,那么举手示意。

3. 如果他们正在讲话,**等**他们暂停下来,或**等**他们看向你。你可能需要再靠近一些,举起食指,引起他们的注意。

注意:如果你要说的事情十分危急,那就不必等待。

4. 说"不好意思"或"抱歉,打扰一下",然后提出问题。

5. 如果对方让你别插话,那就不要插话。

练　　习

我将和谁一起进行这个练习?＿＿＿＿＿＿＿＿＿＿＿＿＿＿＿＿＿

什么时候练习?＿＿＿＿＿＿＿＿＿＿＿＿＿＿＿＿＿＿＿＿＿＿

练习中发生了什么?＿＿＿＿＿＿＿＿＿＿＿＿＿＿＿＿＿＿＿

我表现如何?＿＿＿＿＿＿＿＿＿＿＿＿＿＿＿＿＿＿＿＿＿＿＿

"插话的方法和时机"活动建议

1. 角色扮演展示正确的插话步骤。建议呈现如下情景：

a. 在课上或参加营地活动时，请求许可（比如上厕所、喝水或借东西）。

b. 遇到困难，需要别人的帮助（比如做作业、拉拉链、系鞋带、打开罐子）。

c. 上课时帮老师给另一个班的老师传递口信，或者在家长之间传递口信。

d. 听到其他同学在谈论他感兴趣的话题（比如热门的电影人物、电子游戏、周末计划）。在说完"不好意思"之后，他可以接着说："你们在讨论_____吗？"然后，再问一个与话题相关的问题。（见技能10"加入谈话"）

e. 向家长或老师报告紧急情况（比如某人受伤了、某物着火了、弟弟妹妹跑开了）。跟学生强调，遇到这种情况不要等，毫不犹豫，直接插话。

2. 技能诱导，即做某件需要学生插话的事。

a. 比如，拿走学生的铅笔，然后对全班说："同学们，请拿出铅笔。"

b. 当看到孩子需要某件东西的时候，装作没看见，让他不得不插话问你。

3. 纠正不恰当的插话方式。如果学生用不恰当的方式插话，让他用正确的方式重来一遍。

4. 奖励恰当的"插话方法和时机"。

a. 口头表扬正确或部分正确的插话方法和时机。

b. 每次当学生能恰当地插话时，给予代币、硬币或积分奖励。当代币达到约定的数量（比如5个）时，发放特别奖励（比如零食、贴纸、玩某个特别的游戏或看某个特别的节目）。

技能 6

紧扣话题

话题：_____

紧扣话题 ☺	偏离话题 ☹
问 谁_____？ 什么_____？ 哪里_____？ 什么时候_____？ 为什么_____？ 怎么_____？ 还有呢_____？ **说** 我喜欢_____。 我也_____。 我去过_____。 我打算去_____。	

练 习

我将和谁一起进行这个练习？_____

什么时候练习？_____

练习中发生了什么？_____

我表现如何？_____

"紧扣话题"活动建议

1. 选定一个话题并填入表格上端的"话题"栏内。让学生紧扣话题，提出相关问题或发表相关评论。

a. 话题逐渐从具体到抽象。一开始可以谈论近在眼前的具体物品，类似于"展示与介绍"的方式；逐渐过渡到谈论比较抽象的话题，比如对着过去的照片谈论过去的事；再逐渐取消照片，直接讲述过去或未来的事，比如"昨天我做了什么"。

b. 如果学生不能在技能讲义的提示下自己想出问题或发表评论，那么可以将具体的问题或评论写在一张张小卡片上，用这些卡片给孩子更加具体的提示。

c. 对所有紧扣话题的表达给予积分奖励，偏离话题则不予奖励。当学生攒够积分后可获得奖品。

2. 纠正离题的评论或提问："离题了，我们现在谈论的是＿＿＿＿。"告诉学生，谈话时要始终紧扣话题，等当前话题结束后再要求谈论别的话题。

3. 奖励恰当的"紧扣话题"。

a. 口头表扬扣题或部分扣题的表达。

b. 对于能在课上紧扣话题表达思想的学生给予代币、硬币或积分奖励。当代币达到约定的数量时，发放特别奖励（比如零食、贴纸、玩某个特别的游戏或看某个特别的节目）。

技能 7

保持对话

1. 展现良好的倾听姿态：

a. 目光接触。看着他们的眼睛。

b. 面向他们。

c. 保持至少一臂的距离。

2. 等对方暂停后再开口。不要随便插话。

3. 对正在讨论的话题提出追问：

"谁……"

"什么……"

"哪里……"

"什么时候……"

"为什么……"

"怎么……"

4. 紧扣话题发表评论。说一些与当前话题相关的话：

"我也喜欢那个。"

"我也……"

"我去过……"

练 习

我将和谁一起进行这个练习？_____

什么时候练习？_____

练习中发生了什么？_____

我表现如何？_____

"保持对话"活动建议

1. 角色扮演展示"保持对话"的技能步骤。建议呈现如下情景：

a. 问家长、同学或老师当天过得如何，尽量紧扣主题，保持对话。代币奖励每一个扣题的提问和评论。

b. 请一位同学"展示与介绍"某件物品，其他同学必须边听边围绕该物品提出问题或做出评论。

c. "神秘口袋"：在袋子里藏一些孩子熟悉的物品，如小球、食品或其他东西，让他们通过提问或评论猜出究竟是哪些东西。

d. "猜猜我是谁"游戏：一位同学假装是某位名人，另一位同学通过提问猜测他是谁。

e. 假装采访某位名人。

f. 选一个话题，在纸上分出"紧扣话题"和"偏离话题"两竖列，让学生紧扣话题进行评论和提问。扣题加分，离题减分。当积分达到一定的数值，发放奖品。

2. 纠正不恰当的听话方式和随意转换话题的行为。让学生展现良好的"倾听姿态""紧扣话题"。需要的话，提醒他正在谈论什么话题，帮助他紧扣话题提问或评论。至于如何以及何时转换话题，参见技能18"转换话题"。

3. 诱导孩子使用技能。使用上述"神秘口袋"或其他惊喜物品，让孩子忍不住提问或发表看法，直到猜出你故意隐瞒的信息。

4. 奖励恰当的聆听方式。

a. 口头表扬正确或部分正确的聆听方式。

b. 对能恰当聆听的学生给予代币、硬币或积分奖励。当代币达到约定的数量时，发放特别奖励（比如零食、贴纸、玩某个特别的游戏或看某个特别的节目）。

技能 8

轮流讲话（回问法）

1. 当别人问候你的时候，同样问候他们。

   如果他们说"你好"，那么你回答他们说"你好"。

2. 回问法：当别人问你问题时，你可以在回答完后回问一个类似的问题。

练　　习

我将和谁一起进行这个练习？_____

什么时候练习？_____

练习中发生了什么？_____

我表现如何？_____

"轮流讲话"活动建议

1. 角色扮演展示"轮流讲话"的技能步骤。建议呈现如下场景：

a. 与学生打招呼，引导他们反过来向你打招呼。同样地，对他们说再见，引导他们向你说再见。

b. 向他们问好，问他们最近怎么样；在他们回答你之后，引导他们反过来问候你。然后再问问未来打算（比如周末打算做什么）、目前状态（比如你在玩/吃/做什么）。

c. 选择谈论那些个人喜好差异较大的话题（电影、电视节目、食物、学习科目等）。鼓励学生轮流分享各自的喜好（"我喜欢吃比萨，你喜欢吃什么？"）这一活动还有助于学生发现彼此的共同点，为推进对话和发展友谊奠定基础。

d. 准备两种不同颜色的代币，一种颜色奖励提问，另一种颜色奖励评论。在对话过程中，根据学生的提问或评论分发相应颜色的代币。最终的目标是每个学生获得的代币总数相等，两种颜色的代币数量也相等。

2. 纠正不恰当的轮流：当某个学生在对话中独占说话机会时，及时指出来。鼓励他向别人提问，保持轮流讲话的状态。

3. 诱导学生使用技能。问学生一个问题，或与之分享你做过的事，示意他/她反过来问你，或分享他/她做过的事。比如，你说："周末我去了动物园。"等学生与你分享他的周末活动，而不是直接问他去了哪里。

4. 奖励恰当的轮流发言。

a. 口头表扬正确或部分正确的轮流发言。

b. 对能在课上轮流发言的学生给予代币、硬币或积分奖励。当代币达到约定的数量时，发放特别奖励（比如零食、贴纸、玩某个特别的游戏或看某个特别的节目）。

技能 9

发起对话

1. 向对方打招呼。

当天第一次见面时,向对方说"嗨"或"你好"。

2. 问与**当前**情境有关的问题。

"你们在做 / 聊 / 吃 / 读什么?"

"你觉得这节课 / 这顿饭 / 这个课题 / 这个游戏怎么样?"

"这衬衫 / 帽子 / 鞋 / 手表是哪里买的?"

3. 问**过去**的事。

"今天 / 这周 / 这个周末 / 假期 / 节日过得怎么样?"

"你听说过这条新闻 / 这个新节目 / 这个体育比赛吗?"

4. 问**将来**的事。

"放学后 / 这个周末 / 这周 / 假期你打算做什么?"

5. 问对方的某个**兴趣爱好**。

"最近做最喜欢的事 / 玩最喜欢的游戏 / 看最喜欢的电视 / 研究最喜欢的课题了吗?"

6. 记得紧扣话题进行追问和做出评论。

"谁、什么、哪里、什么时候、为什么、怎么样、还有呢……"

练　　习

我将和谁一起进行这个练习?＿＿＿＿＿＿＿＿＿＿＿＿＿＿＿＿＿＿＿

什么时候练习?＿＿＿＿＿＿＿＿＿＿＿＿＿＿＿＿＿＿＿＿＿＿＿＿＿

练习中发生了什么?＿＿＿＿＿＿＿＿＿＿＿＿＿＿＿＿＿＿＿＿＿＿＿

我表现如何?＿＿＿＿＿＿＿＿＿＿＿＿＿＿＿＿＿＿＿＿＿＿＿＿＿＿

"发起对话"活动建议

1. 复习或尝试"发起对话"的活动包括:
   a. 问问学生,在下面列举的各种情境中,他们会说什么来发起对话。采用智力问答的形式,答对者获得积分或代币奖励。
   b. 在语文课上,利用练习造句或写段落的机会,试试让他们写写不同情境下的开场白。也就是说,可以在孩子的语文学习中融入"发起对话"的内容。
   c. 列出你认识的人以及这些人平时都做些什么。比如,写一下他们是做什么工作的、有什么兴趣爱好、上什么课。以这些信息为基础组织开场白。比如,如果你知道训练班的同学喜欢打篮球,那么可以问他:"最近看过什么精彩的篮球赛吗?"

2. 角色扮演练习"发起对话"。建议呈现如下场景:
   a. 使用下面列举的各种情境或学生的真实经历进行角色扮演。尽量让每段对话多持续几分钟,让学生同时有机会练习保持对话的技能。
   b. "不许动"对话游戏:让学生在教室里随意走动,当老师喊"不许动"时停下;每个学生必须转向身边最近的同学,用某一个开场白发起对话(开场白可以由老师指定,比如"放学后你打算做什么?"),然后双方必须交换信息;接着,老师问每一位学生从聊天中获得了哪些信息。这样,学生就必须好好听对方在讲什么。对于能准确记住对方说了什么的学生给予代币奖励。然后,再次要求学生开始走动,直到老师又一次喊"不许动",学生向身边的新伙伴问出新的问题。老师(或家长)可以每天带孩子玩这个游戏,演练几个固定的开场白,直到孩子记住这些问法。
   c. 类似的玩法:将各种开场白写在纸上,张贴到不同的地方。让学生和搭档一起去某个区域,用该区域张贴着的开场白练习对话。然后,老师或家长让学生说一说他们各自从搭档那里获得了怎样的信息,以此检验他们有没有认真倾听。

3. 诱导技能,即做某件需要学生发起对话的事。
   a. 比如,当天第一次见面或手上拿着学生感兴趣的东西(比如某物的照片、一款新游戏、一本书)时,故意默不作声,等待或引导他发起对话。

4. 纠正不恰当的发起对话的方式,比如独自长篇大论别人几乎不感兴趣的话题。提醒他:"先跟她问个好,然后问问她想不想听你要讲的东西。"(另见技能"别说太久"。)

5. 奖励学生恰当地"发起对话"。
   a. 口头表扬正确或部分正确的对话发起方式。
   b. 用代币、硬币或积分奖励每次能用恰当的方式发起对话的学生。每满5个代币就可以兑换特别奖励(比如零食、贴纸或玩某个特别的游戏)。

"发起对话"运用情境

过去:
1. 你无意中听到某人在谈论她的假期。
2. 你在周一早上遇到好朋友。
3. 你放假回来遇见同学。
4. 朋友刚参加完一场很难的考试。

现在:
5. 你正在和同学一起吃午饭。
6. 你看到有人在玩任天堂游戏机或其他电子游戏。
7. 你看到有人穿着印有学校名称的T恤。
8. 你在电影院排队买票时,看到一个同学也在排队买票。

未来:
9. 星期五快放学的时候,你和同学们在一起。
10. 星期三放学的时候,你和朋友们说再见。
11. 你无意中听到朋友们在谈论假期计划。

技能 10

加入对话

1. 先听听别人在聊什么，确定谈话的主题。

2. 走上前去，靠近正在谈话的人。

3. 等他们看向你或暂停说话。

4. 说："不好意思，你们是在聊_____（话题）吗？"

5. 提出与话题相关的问题：

谁……

什么……

什么时候……

在哪里……

为什么……

怎么样……

还有呢……

练 习

我将和谁一起进行这个练习？_____

什么时候练习？_____

练习中发生了什么？_____

我表现如何？_____

"加入对话"活动建议

1. 角色扮演展示"加入对话"的技能步骤。建议呈现如下场景：

a. 让两位学生开始对话，可以聊聊他们上个周末是怎么过的，也可以聊聊放学或训练结束后打算做什么，或其他任何你选定的话题（最爱的电影、球队、食物、电视节目、某条新闻、电子游戏、度假地等）。让第三位学生加入对话：先听一听他们在聊什么，然后提出与该话题相关的问题或评论。让原来聊天的那两位学生中的一位离开，剩下的两位重新开始聊天。再让第四位学生加入对话……如此交替轮换，直到所有学生都参与过两两对话。

b. 进行小组会话，如果有学生能紧扣话题提出问题或发表意见，从而加入并参与会话，给予他代币奖励。这一方法适用于专门的技能训练小组，学生可以谈论他们在过去一周发生的事，也可以聊一聊某个特定的主题，比如上面列举的那些。

2. 鼓励不愿讲话的孩子加入对话。你可以直接问："对于他们的聊天内容，你有什么想问或想说的吗？"也可以教他更加具体的说法："他们正在聊电影，你能问问他们最喜欢哪部电影吗？"

3. 诱导学生使用技能。在学生面前谈论他们最喜欢的话题或最感兴趣的事，让他们不由自主地发问或发表意见，加入到谈话中来。

4. 奖励加入对话。

a. 口头表扬正确或部分正确的加入对话的方式。

b. 用代币、硬币或积分奖励顺利加入对话的学生。当代币达到约定的数量时，发放特别奖励（比如零食、贴纸、玩某个特别的游戏或看某个特别的节目）。

技能 11

结束对话

1. 判断你是否需要结束对话。

a. 你是否有别的事要做？是否要赶去别的地方？

b. 你是否感觉无聊？

2. 再紧扣话题问一个问题或做一次评论，向对方表明你在认真听他讲话，比如："有意思"。

3. 说点什么结束对话。

a. 如果你要去其他地方、快要迟到了，你可以说："呃，我快迟到了，得走了。"

b. 如果你有其他事要做，你可以说："呃，我还有事，得走了。"

c. 如果你觉得无聊，不要直接告诉对方，而是找个借口，说你还有其他事要做。你可以说："我还有事，得走了。"

4. 说："再见。"然后走开或离去。

练　　习

我将和谁一起进行这个练习？_____

什么时候练习？_____

练习中发生了什么？_____

我表现如何？_____

"结束对话"活动建议

1. 角色扮演展示"结束对话"的技能步骤。建议呈现如下场景：

a. 一位同学正在和另一位同学谈论他们最喜欢的电子游戏、食物、电影、电视节目、运动项目或其他活动。其中一位意识到他上课快要迟到了，因此必须结束对话了。

b. 如上，两位同学正在谈论上面的某个话题。其中一位同学没完没了地谈论他感兴趣的话题，另一位开始感觉无聊，他必须得体地结束对话。

c. 这一次，其中一位同学还有作业要做，如果继续聊下去，就完不成作业了。他必须恰当地结束对话。

2. 纠正不恰当地结束对话或突然地结束对话的行为。让学生问对方一个问题表示兴趣，然后找一个恰当的借口结束对话。

3. 诱导学生使用技能。故意说个没完，让学生感觉无聊，或者故意在他们想去玩或离开的时候找他们聊天，引导他们恰当地结束谈话。

4. 奖励学生恰当地"结束对话"。

a. 口头表扬正确或部分正确的结束对话的方式。

b. 用代币、硬币或积分奖励能恰当地结束对话的学生。当代币达到约定的数量时，发放特别奖励（零食、贴纸、玩某个特别的游戏或看某个特别的节目）。

技能 12

不懂就问

1. 当你听不懂别人在说什么时,说:"我不懂。"

2. 如果对方再说一遍后你还是不懂,你可以:
a. 说:"我还是不懂。你能换个方法再解释一遍吗?"
b. 请另一个人解释给你听。

练　　习

我将和谁一起进行这个练习? _____

什么时候练习? _____

练习中发生了什么? _____

我表现如何? _____

"不懂就问"活动建议

1. 角色扮演展示"不懂就问"的技能步骤。建议呈现如下场景：

a. 老师或家长故意用外语或"文绉绉"的词语指导学生完成平时的作业。比如，对学生说："请圈出下列句子中所有'臃肿'的词。"然后引导学生向你确认意思，再解释说就是圈出所有 3 个字以上的词语。

b. 故意含糊其词，比如："请先在纸上写下你的名字，然后再写写那件事/那个东西。"（不提具体什么事/东西。）

2. 当你提出问题或给出指令后学生毫无反应的时候，鼓励他们向你确认意思。

3. 诱导学生使用技能。告诉学生，如果他们完成任务或回答出问题就可以得到一个很棒的奖励。然后，问一个他们听不懂的问题或给一个含糊的指令，让他们为了得到奖励而不得不要求你做进一步的解释。

4. 奖励恰当的聆听方式。

a. 口头表扬正确或部分正确的澄清疑问的做法。

b. 用代币、硬币或积分奖励能告诉对方他不明白某个意思的学生。当代币达到约定的数量时，发放特别奖励（零食、贴纸、玩某个特别的游戏或看某个特别的节目）。

技能 13

说"我不知道"

1. 当别人问你一个问题,你能听懂但不知道怎么回答时,说点什么作为回应。你可以说:

    a. "我不知道。"——如果你没有答案。

    b. "让我想想。"——如果你还需要想想怎么回答。

2. 不要只是保持沉默。要让别人知道你正在思考他的问题或你不知道答案。

练 习

我将和谁一起进行这个练习?＿＿＿＿＿＿＿＿＿＿＿＿＿＿＿＿＿＿

什么时候练习?＿＿＿＿＿＿＿＿＿＿＿＿＿＿＿＿＿＿＿＿＿＿

练习中发生了什么?＿＿＿＿＿＿＿＿＿＿＿＿＿＿＿＿＿＿＿

我表现如何?＿＿＿＿＿＿＿＿＿＿＿＿＿＿＿＿＿＿＿＿＿＿

"说'我不知道'"活动建议

1. 角色扮演展示"说'我不知道'"的技能步骤。建议呈现如下场景：

a. 老师或家长用简单的语言问学生一些事实性问题。比如老师可以问学生，他母亲有多少双袜子；家长可以问孩子，老师的牙医叫什么名字。鼓励学生说"我不知道"而不是毫无反应。

b. 有时，孩子会不确定自己的感受，或难以决定吃什么、看哪个电视节目或进行哪项活动。鼓励他们说"我不知道"或选择其一，而不是保持沉默。

2. 当你问了一个简单直接的问题而学生没有回答的时候，引导他们说"我不知道"。

3. 诱导学生使用技能。告诉学生，如果他们能正确回答你的问题，他们将获得一个很棒的奖励。跟他们解释清楚，"我不知道"也是一个正确的回答。然后，问他们几个问题，既问他们知道的，也问他们不知道的。当他们不知道时，鼓励他们如实地回答"我不知道"。

4. 奖励恰当的聆听方式。

a. 口头表扬学生能正确或部分正确地告诉别人他不知道的行为。

b. 当学生能在不知道的时候如实地告诉别人他不知道时，给予代币、硬币或积分奖励。当代币达到约定的数量时，发放特别奖励（零食、贴纸、玩某个特别的游戏或观看某个特别的节目）。

技能 14

介绍自己

1. 判断对方是不是你想结识的人。
    也许对方和你有某些共同点，你们可以成为朋友。

2. 等对方暂停讲话后，你再开口。

3. 用手势示意或直接说："不好意思。"引起对方的注意。

4. 与对方建立目光接触，用响亮、积极的语气说话。

5. 说："我叫_____。你叫什么名字？"

6. 然后说："很高兴见到你。"

介绍他人

1. 当你和你认识的几个人在一起，而他们相互不认识的时候，你要负责介绍他们，让他们彼此认识。

2. 对第一个人说："_____，这是_____。"
    （第一个人的名字）　　　（第二个人的名字）

3. 对第二个人说："_____，这是_____。"
    （第二个人的名字）　　　（第一个人的名字）

4. 然后，你可以分别解释每个人与你的关系。比如："_____是我朋友。"或者，"_____是我妈妈。"

练 习

我将和谁一起进行这个练习？_____

什么时候练习？_____

练习中发生了什么？_____

我表现如何？_____

"介绍自己及他人"活动建议

1. 角色扮演展示"介绍"自己及他人的步骤。建议呈现如下场景：

a. 让学生假装对班上的新同学或在公园、食堂碰到的陌生孩子做自我介绍。

b. 让学生假装去见父母、老师的成人朋友或社区的领导。

c. 让学生假装给他们的朋友和父母做相互介绍。

d. 让学生假装将他们的老朋友介绍给新朋友。

2. 鼓励学生对班上的新同学或家里的新客人做自我介绍。提醒他们介绍一次就够了，不要对同一个人反复做自我介绍，也不要对不会继续交往或没有交友可能的陌生人做自我介绍。

3. 诱导学生使用技能。故意安排孩子不认识的人进教室或来家里，引导他们使用介绍技能。

4. 奖励恰当的介绍方式。

a. 口头表扬正确或部分正确的介绍方式。

b. 用代币、硬币或积分奖励能恰当地介绍自己的学生。当代币达到约定的数量时，发放特别奖励（零食、贴纸、玩某个特别的游戏或看某个特别的节目）。

技能 15

认识新朋友

1. 发起对话：问一个与当前情境相关或你觉得可能与对方有共鸣的问题：

a. 问："你在做 / 读 / 吃 / 玩什么？"

b. 如果你们在上同一节课或在同一个地方，问："你喜欢这节课 / 这个地方吗？"

2. 介绍自己。

说："对了，我叫＿＿＿＿＿＿，你叫什么名字？"

3. 向对方提问，了解更多信息。

合适的话题	合适的问题
学校	你在哪个学校上学？ 你几年级了？ 你们老师是谁？
年龄（仅限小孩）	你几岁？（不要这样问大人）
居住小区	你住哪里？ 那边怎么样？
兴趣爱好	你喜欢玩些什么？ 你喜欢哪个游戏？ 你平时看什么电视节目？ 你喜欢什么样的音乐？
家庭	你家里人多吗？ 你有兄弟姐妹吗？

4. 除非对方自己先提起，否则不要谈论"敏感话题"。敏感话题就是会让别人不开心的话题，比如：

a. 与人第一次见面时，不要问与种族或宗教有关的问题。

b. 如果对方看起来或听起来有所异样，不要问与之相关的问题。

c. 不管对方存在任何问题，都不要向她打听相关的情况。

练　习

我将和谁一起进行这个练习？＿＿＿＿＿＿＿＿＿＿＿＿＿＿＿＿＿＿＿＿＿

什么时候练习？＿＿＿＿＿＿＿＿＿＿＿＿＿＿＿＿＿＿＿＿＿＿＿＿＿＿＿

练习中发生了什么？＿＿＿＿＿＿＿＿＿＿＿＿＿＿＿＿＿＿＿＿＿＿＿＿＿

我表现如何？＿＿＿＿＿＿＿＿＿＿＿＿＿＿＿＿＿＿＿＿＿＿＿＿＿＿＿＿

"认识新朋友"活动建议

1. 角色扮演展示"认识新朋友"的步骤。建议呈现如下场景：

a. 让学生假装在班里与新同学见面。比如，他们可以询问新同学喜不喜欢新班级或新学校，从而发起对话。

b. 学生可以假装在公园里遇见某个人，问对方是否喜欢公园或他们正在使用的游乐设施，以此开始对话。（比如"你喜欢玩秋千吗？我也是。我叫……"）

c. 学生可以假装在食堂里遇见某个人。他们可以这样发起对话："你在吃什么？"或者"餐厅里太吵了，你觉得呢？"

d. 学生可以假装在派对上遇见某个人。他们可以这样发起对话："你是怎么认识……（派对主人）的？"

2. 鼓励学生认识班上的新同学或家里的新客人。如果孩子在与人初次见面时涉及了敏感话题，及时制止纠正。

3. 诱导学生使用技能。故意安排孩子不认识的人进教室或来家里，引导他们使用这一技能。

4. 奖励学生恰当地"认识新朋友"。

a. 口头表扬用正确或部分正确的方式去尝试认识他人的学生。

b. 用代币、硬币或积分奖励愿意尝试与新同学聊天并相互认识的学生。当代币达到约定的数量时，发放特别奖励（零食、贴纸、玩某个特别的游戏或看某个特别的节目）。

技能 16

引出大家感兴趣的话题

1. 当你想跟别人讲某件事时，要先等待合适的开口时机，比如等对方暂停讲话或不忙其他事的时候。

2. 然后询问对方是否可以聊天。你可以说：

a. "我想跟你聊一聊。现在方便吗？"

b. "不好意思，我可以问你一件事吗？""你有没有听说……"

3. 试着挑一个对方可能感兴趣的话题。比如：

a. 讲一讲最近你**亲身经历**或做过的事。

b. 讲一讲**新闻**里的事，比如某个轰动性事件或体育赛事。

c. 问一问你与对方可能存在**共同点**的问题。比如，讨论你们都喜欢的电视节目、游戏、地方或食物。

d. 就某件事向对方征求**意见**或**建议**。比如，假如你遇到了问题，可以让别人帮你出个主意。

练　　习

我将和谁一起进行这个练习？_____

什么时候练习？_____

练习中发生了什么？_____

我表现如何？_____

"引出大家感兴趣的话题"活动建议

1. 如果是在小组训练中，先让学生就各种话题展开讨论，比如电视节目、食品、兴趣爱好、书籍、游戏、运动项目、学习科目等，找出大家共同感兴趣的话题，将它们写到黑板上。这样是为帮助学生引出大家感兴趣的话题打下基础。

2. 如果是初中或初中以上的学生，让他们以日志形式记录当前的新闻事件，为今后的话题讨论积累素材。

3. 角色扮演展示"引出大家感兴趣的话题"的技能步骤。建议呈现如下场景：

 a. 让学生们引出某个共同感兴趣的话题。再与另一种情况相对比：一个人长篇大论自己感兴趣而别人不感兴趣的话题。

 b. 让学生谈论自己的某个经历，然后问其他人是否也有这样的经历。比如："昨天我去了博物馆，看到……你们有谁也去过博物馆吗？"对比另一种情况：只管谈自己的经历而不与别人互动。让他们知道如果是后一种情况，别人很快就会感到无聊。

 c. 让学生引出新闻话题："你有没有听说……"

 d. 让学生向其他同学征询意见。向他们指出，大孩子尤其可以用这种方式来帮助自己吸引异性。他们可以向人请教约会、着装或发型等问题。这样做还有一个好处——有助于普通同伴担当起"知心大哥哥／姐姐"的角色，帮助有障碍的学生在社交群体中获得应有的地位。

4. 纠正不恰当的话题引出方式，比如对别人大谈自己的兴趣而很少顾及听众的感受。引导学生谈论大家的共同爱好、公共事件或共同经历，或向别人征询意见。

5. 奖励能引出有趣话题的学生。

 a. 口头表扬能正确或部分正确地引出恰当话题的学生。

 b. 用代币、硬币或积分奖励能恰当地引出大家感兴趣的话题的学生。当代币达到约定的数量时，发放特别奖励（零食、贴纸、玩某个特别的游戏或观看某个特别的节目）。

技能 17

给讲话内容提供背景信息

步骤：

1. 如果没有人在讲话，那么告诉大家你准备谈论一个新话题。

2. 如果有人正在讲话而你想要换个话题，那么问问大家你是否可以谈点别的。

3. 解释你所谈论的内容。

a. 如果你谈论的是人，说清楚他们是谁。

是你的**朋友**、**家人**、**老师**，还是一位**名人**？

b. 如果你谈论的是事物，说清楚那是什么。

是一款**游戏**、一档**电视节目**、一处**地方**，还是一件**玩具**？

练 习

我将和谁一起进行这个练习？ _____

什么时候练习？ _____

练习中发生了什么？ _____

我表现如何？ _____

"给讲话内容提供背景信息"活动建议

1. 准备一张大的墙报或写字板，沿中线分成左右两栏。左边一栏写上"解释清楚"，右边一栏写上"解释不清楚"。让学生轮流谈论不同的话题，然后判断他们解释得是否足够清楚（是否提供了恰当的背景信息）。如果足够清楚，就在"解释清楚"栏打钩；如果不够清楚，就在"解释不清楚"栏打钩。采用比赛的形式，在"解释清楚"栏的钩达到一定数量就可以获得奖励。

　　a. 讲讲你经历过的一件事。比如："昨天我去看约翰。"请判断你是否解释充分了，大家知道约翰是谁吗？用正确的方式再说一遍："昨天我去看我的哥哥约翰。"再次判断你是否解释得足够充分了。

　　b. 谈谈你的兴趣爱好。"我喜欢特别古旧的。那样比较值钱。"补充背景信息再说一遍："我喜欢收集钱币。我喜欢特别古旧的。那样比较值钱。"

　　c. 谈谈你喜欢的食物、娱乐活动或游戏。比如，"我喜欢有甜椒的"这句话解释得不够清楚，相比之下，"我喜欢吃比萨，我喜欢有甜椒的"就很清楚了。

2. 从学生平时交往的人（同学、老师、父母、祖父母等）中挑出几个。让学生选择不同的主题，比如班级同学的名字、兄弟姐妹的名字、电子游戏里人物的名字等。再让他们假装与不同的对象谈论这些主题。提醒他们，父母和祖父母未必知道他们同学的名字或游戏人物的名字，老师和同学未必知道他们兄弟姐妹的名字。让他们判断，在谈论某一主题的时候，不同人群需要怎样不同的背景信息。

3. 在学生遗漏背景信息的时候予以纠正。通过提问引导他们："对方知道你说的是谁/什么吗？你还需要补充什么信息？"

4. 诱导学生使用技能。在跟学生讲话的时候故意省略必要的背景信息，然后引导他们告诉你是否"解释清楚"了。

5. 奖励学生说话时能"提供背景信息"的做法。

　　a. 口头表扬能正确或部分正确地尝试提供背景信息的学生。

　　b. 用代币、硬币或积分奖励能提供必要背景信息的学生。当代币达到约定的数量时，发放特别奖励（零食、贴纸、玩某个特别的游戏或看某个特别的节目）。

技能 18

转换话题

1. 等待合适的时机转换话题,比如:

a. 当对方停止讲话或表示他已经说完了的时候。

b. 在对方已经有机会谈论他的话题、你也至少追问过一个问题表示过兴趣之后。

2. 询问对方是否可以转换话题,或使用过渡连接词,让对方知道你要转换话题了。

a. 询问对方是否可以换话题:

"我可以换个话题吗?"

"我可以谈点别的吗?"

b. 使用过渡连接词:

"对了,你有没有听说……"

"说起……"(承接对方所谈内容,顺势引出新话题。)

3. 开始谈论新话题。

练 习

我将和谁一起进行这个练习?＿＿＿＿＿＿＿＿＿＿＿＿＿＿＿＿

什么时候练习?＿＿＿＿＿＿＿＿＿＿＿＿＿＿＿＿＿＿＿＿

练习中发生了什么?＿＿＿＿＿＿＿＿＿＿＿＿＿＿＿＿＿＿

我表现如何?＿＿＿＿＿＿＿＿＿＿＿＿＿＿＿＿＿＿＿＿

"转换话题"活动建议

1. 角色扮演展示"转换话题"的步骤。建议呈现如下场景：

a. 假装其他人在谈论某个话题，比如他们最喜欢的电视节目，而某人想谈一谈周末的计划。在第一次角色扮演中，让他们不打任何招呼、不做任何提示，直接转换话题（错误方式）。

b. 角色扮演呈现如上情境，但转换话题之前使用适当的过渡性语句。

c. 再次扮演呈现如上情境，使用适当的过渡性语句，但不等上一个话题结束就转换话题。也就是说，对上一个话题没有提任何问题或意见就直接换了话题，让别人觉得你对他们的谈话内容不感兴趣。讨论在转换话题之前稍作等待的重要性。

2. 让学生组织过渡性语句，实现两个话题之间的对接转换。给他们几对话题，让他们练习两者之间的对接转换。比如：

a. 去动物园——去博物馆（"说起出去玩……"）

b. 看棒球赛——踢足球（"说到运动……"）

c. 被嘲笑——考试（"说到压力体验……"）

3. 纠正突然转换话题的行为。引导学生等别人暂停讲话后说一些过渡性语句引出新话题，或直接询问对方是否可以谈别的。

4. 诱导学生使用技能。故意没完没了地讲述某个无聊的话题，让学生觉得非转换话题不可。

5. 奖励恰当转换话题的行为。

a. 口头表扬正确或部分正确的话题转换。

b. 用代币、硬币或积分奖励能恰当地转换话题的学生。当代币达到约定的数量时，发放特别奖励（零食、贴纸、玩某个特别的游戏或看某个特别的节目）。

技能 19

别说太久
（学前—三年级）

无聊　　感兴趣

1. 当你谈论某个话题时，注意看别人的脸色，看他们是很感兴趣，还是很无聊。

2. 如果他们看起来很无聊，就说："你还想听下去吗？"

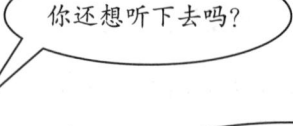

3. 如果他们说不想听了，那就不要再讲，或者问问他们："那你想聊什么呢？"

说话简洁别人才会听
（四年级及以上）

1. 记住，当你说得太久、太琐碎的时候，听的人常常会觉得无聊。

2. 在说话的时候，注意看听的人感觉无聊还是很有兴趣。
a. 感兴趣的迹象：听的人看着你、贴近你或向你提出问题。
b. 无聊的迹象：听的人东张西望、打哈欠、唉声叹气或对其他东西表现出兴趣。

3. 如果你发现别人有无聊的迹象，那么确认情况是否属实：
说："我是不是说太久了？"或"你还有兴趣听下去吗？"

4. 如果别人确实感到无聊，想想你该怎么办：
a. 停止讲话，让对方也有机会说话。
b. 问听的人她想说什么或听什么。
c. 换个话题。
d. 舍去所有细节，概括地说完你想说的话。

练　　习

我将和谁一起进行这个练习？＿＿＿＿＿＿＿＿＿＿

什么时候练习？＿＿＿＿＿＿＿＿＿＿＿＿＿＿＿＿

练习中发生了什么？＿＿＿＿＿＿＿＿＿＿＿＿＿＿

我表现如何？＿＿＿＿＿＿＿＿＿＿＿＿＿＿＿＿＿

"别说太久"活动建议

1. 无论是说话人，还是听众，在练习这一技能时，都需要给对方恰当的反应。说话人必须觉察听众对他所谈内容是否感兴趣，询问对方是否愿意继续听下去；听众则必须礼貌地表示不想听了，礼貌地转换话题或结束对话（见技能11"结束对话"）。当说话人问是否还想听的时候，听众可以说"要不下次吧"，而不是"不，我不想听了"。

2. 角色扮演展示说话简洁的步骤。建议呈现如下场景：

a. 很多有阿斯伯格综合征或相关障碍的学生一谈起自己的兴趣就刹不住车。所以，我们可以在角色扮演中故意采用他们感兴趣的话题，让他们知道，这样说下去会让听众觉得冗长乏味。具体做法：让某位学生开始谈论他感兴趣但其他人都不感兴趣的话题；让其他学生先表示感兴趣，然后逐渐失去兴趣，但一定要含蓄，不能太露骨，因为我们不希望听众从此学会直白地表露他们的无聊感受；让发言的学生辨别听众是否已经失去兴趣，并通过询问确认他们是否还愿意听下去；引导听众回答"要不下次吧"。

b. 角色扮演展现学生开始谈论他的话题，但其他人表示他们得走了。学生们往往会在下课或小组训练后开始聊天，要让他们明白，这个时候不适合长篇大论。

c. 如果你的小组训练中有一个常规的小组讨论环节，那么下面这个方法可以帮助个别学生意识到他说话确实太多了：每个学生每发表一次看法或提出一个问题，就获得1枚代币；在讨论结束的时候，看谁的代币最多；代币最多的人，往往都讲得太多了。这个练习也非常适用于那些每次都霸占说话机会但还抱怨说话时间不够的学生。

d. 让学生练习长话短说，舍去所有细节，用3句话交代一件事的经过，除非有人进行追问。

3. 纠正学生的冗长发言：让学生留意听众的反应，询问听众想听下去还是希望他就此打住，也可以让他用提问的方式调动听众的兴趣。

4. 诱导学生使用技能。在学生给你讲东西时，故意显得心不在焉或做很多小动作，直到他们停下来问你想不想继续听下去。

5. 奖励简洁发言。

a. 口头表扬简洁或比较简洁的发言方式。

b. 用代币、硬币或积分奖励在课上发言简洁或能与听众确认是否还想往下听的学生。当代币达到约定的数量时，发放特别奖励（零食、贴纸、玩某个特别的游戏或观看某个特别的节目）。

技能 20

敏感话题

1. "敏感话题"是你不应该谈论的话题，因为它们会使人感觉糟糕、烦恼、受伤、难过或气愤。

2. 当你想说某件事时，判断它是否属于敏感话题，比如：
a. 对某人外貌的消极评论。
b. 打听某人的年龄。（问小孩可以，问大人则不合适。）
c. 身体差异（坐轮椅、四肢不健全、视力残疾、听力残疾等）。
d. 学习差异（阅读困难、作业理解困难等）。
e. 行为差异（难以集中注意力或无法安静坐着、说话怪异等）。
f. 有家人/朋友失业或去世。

3. 如果是敏感话题：
a. 不要谈论，除非对方主动提起。
b. 你也许可以先征得对方的同意，再谈论敏感话题，但外貌方面的问题除外。比如你可以先问："我可以问一个敏感的问题吗？"

练 习

我将和谁一起进行这个练习？_____

什么时候练习？_____

练习中发生了什么？_____

我表现如何？_____

"敏感话题"活动建议

1. 教这一技能的一个方法，是把自己打扮成奇奇怪怪的样子走进教室，比如把袋子套在头上当帽子，或者在鼻子上贴一颗硕大的假痘痘。什么都不说，等某一位学生问起。假装听不懂他在说什么，直到其他学生也纷纷指出。然后，开始和他们讨论什么是"敏感话题"，告诉他们：我们可能会发现某个人在某方面与别人不一样，但为顾及对方的感受，我们不应该将其说出来。

2. 展示这一技能的角色扮演存在一定的困难，因为正确的反应是若无其事、什么也不做。因此，必要的演练几乎都是在头脑中进行而非诉诸外在的行为。因此，比起表演，讨论各种不同情况的应对方法反而对学生更有帮助。可以采用有奖竞猜的方式，带学生熟悉各种情况，让他们判断话题是否敏感、是否要说点什么。答对者奖励代币。比如：

   a. 你觉得某人的太阳眼镜很好看。（非敏感）
   b. 你觉得某人的眼镜片实在太厚了。（敏感）
   c. 某人说今天天气真不错。（非敏感）
   d. 学生问老师几岁了。（敏感）
   e. 老师问学生的弟弟几岁了。（非敏感）
   f. 你问朋友是否在接受数学和语文的特殊辅导。（敏感）
   g. 你好奇班里那个男生怎么那么强壮。（非敏感）
   h. 你好奇班里那个男生怎么那么胖。（敏感）
   i. 你好奇班里那个女生怎么那么擅长体操。（非敏感）
   j. 你好奇班里那个女生怎么连作业都看不懂。（敏感）
   k. 你朋友的爷爷去世了。（敏感，但可以说"节哀"。）
   l. 老师小腹隆起，你好奇她是不是怀孕了。（敏感）
   m. 你听说朋友的小狗死了。（敏感）
   n. 你听说朋友赢了拼字比赛。（非敏感）

3. 诱导学生使用技能。比如，故意变化外表（奇装异服或在脸上化妆出一块假疤）或出错（讲错题、做错家务），看学生能否忍住不做消极评论。

4. 任何时候，只要学生发表敏感言论，记得及时贴上"敏感话题"的标签，告诉他们这样的评论会伤害别人的感情。

5. 给予奖励或施以消极后果：

   a. 只有当你确定学生明知他的话会伤人但还是无所顾忌地说了出来时，才能对他施以消极后果。建议先警告，警告无效，再取消特权奖励。
   b. 当学生能在课上忍住不发表敏感言论或能主动向大人请教是否能说某些话时，奖励其代币、硬币或积分。当代币达到约定的数量（比如5个）时，发放特别奖励（零食、贴纸、玩某个特别的游戏等）。

技能 21

恭维别人

1. 想想为什么要恭维别人。

a. 别人会比较积极地看待你。

b. 别人会愿意与你一起玩。

2. 注意到别人的积极方面。包括：

a. 他们的长相、穿着或新发型。

b. 他们做的某件好事。

c. 他们拥有的某种能力。

3. 用真诚的语气，指出他们身上的这些积极因素。

a. 关于他们的外表，你可以说："你真漂亮。""这裙子 / 领带 / 衬衫 / 鞋子 / 新发型真好看。"

b. 关于他们所做的事，你可以说："你做得真好。"

c. 关于他们所拥有的能力或特长，你可以说："你真的很擅长数学 / 英语 / 玩这个游戏 / 运动 / 跳舞 / 唱歌。"

练　　习

我将和谁一起进行这个练习？_____

什么时候练习？_____

练习中发生了什么？_____

我表现如何？_____

"恭维别人"活动建议

1. 角色扮演展示"恭维别人"的步骤。建议呈现如下场景：

a. 在训练小组或班级里，大家轮流恭维左手边的同学，直到所有人都轮流完毕。注意变换恭维的内容，外表、能力、行为都要有所涉及。

b. 恭维时使用真诚或虚伪的语气，让学员分辨哪种恭维是真诚的、哪种是虚伪的。在进行这一练习的时候，注意不要以在场的同学为恭维对象，以免伤害任何人的感情。

2. 引导学生在同伴有所成就、换新发型或新形象、展示作业或作品的时候，适时地恭维他们。

3. 诱导学生使用技能。对学生讲述或展示你的成就，展示你的新衣服、新发型，表现你的才艺。提醒他们可以恭维你，那样会让你感觉良好。

4. 奖励"恭维别人"。

a. 口头表扬正确或部分正确的恭维别人的表现。

b. 避免使用物质奖励。如果用物质来奖励恭维别人的人，会让被恭维的人觉得对方说好话并非出自真心，而是另有所图。

技能 22

对话四原则：声音愉悦、目光接触、交替轮流、保持距离

声音愉悦：	对话时声音要愉悦、不高不低，既不叫喊，也不过分压低。
目光接触：	在讲话或听人讲话时，看着对方的眼睛。
交替轮流：	说和听要交替进行；大家要轮流说话。
保持距离：	说话时与人保持大约一臂的距离。不要靠得太近，以免侵犯他人的个人空间。

练 习

我将和谁一起进行这个练习？_____

什么时候练习？_____

练习中发生了什么？_____

我表现如何？_____

"对话四原则"活动建议

1. 对话的"四原则"其实是四项独立的社交技能,在本章其他部分各有论述。比如,"声音愉悦"即"语音语调","目光接触"是"倾听姿态"的一部分,"保持距离"是"不侵犯个人空间"的一部分,而"交替轮流"则是"轮流讲话(回问法)"的一部分。对于绝大多数言语机械记忆能力比较强的学生,"四原则"这样总括式的说法可以提醒他们对话时需要用到哪几项重要的技能。

2. 分别对这四个部分进行角色扮演:
a. **声音愉悦**(见技能3"语音语调")
可考虑录音,让学生听到自己说出以下各种不恰当的声音:
(1)使用"室外音"(音量高)而不是"室内音"(普通音量)。
(2)使用愤怒的而不是愉悦的语气。
(3)使用过快或过慢的语速而不是适中的语速。
b. **目光接触**(见技能2"倾听姿态")
(1)在课上与老师保持目光接触。
(2)在对话中与同伴保持目光接触。
(3)在与他人打招呼或告别时保持目光接触。
c. **交替轮流**(见技能8"轮流讲话")
(1)角色扮演互相问候(比如,对学生说"嗨",让他们反过来对你说"嗨")。
(2)角色扮演对话开场白(比如,问学生周末做了什么,引导她反过来问你)。
(3)讲你放学后打算做什么,引导学生讲他放学后打算做什么。
d. **保持距离**(见技能1"不侵犯个人空间")
(1)角色扮演与人靠得过近和离得过远。让学生判断你与他人的距离是否"合适",如果合适,就拇指朝上;如果不合适,就拇指朝下。
(2)展示与人打招呼时正确与错误的距离。
(3)展示与人谈论上个周末时正确与错误的距离。
(4)展示与人谈论放学后计划时正确与错误的距离。

3. 用有奖竞猜的方式测试学生是否知道"四原则"分别是哪四个原则,并要求他们举例说明。回答正确者获得代币奖励。确保每个人都有回答和得奖的机会。

4. 诱导学生使用技能,即做某件需要他们展示已经理解了这些技能的事。
a. 故意提高或放低音量、停止目光接触、靠太近、不给其他人说话的机会,让他们说说你哪里做得不对。
b. 问问学生这一周过得如何,或使用其他对话开场白,然后看着他,做出等他反过来问你的样子。如果学生忘了反过来问你,引导他这么做。

5. 奖励"四原则"的恰当运用。
a. 口头表扬正确或部分正确的语音语调、目光接触、交替轮流讲话以及保持合适的距离。
b. 用代币、硬币或积分奖励能在课上运用这些技能的学生。当代币达到约定的数量时(比如5个),发放特别奖励(零食、贴纸或玩某个特别的游戏)。

技能 23

对话四要素：时机、打招呼、开场提问、进一步追问

时机： 当别人不在讲话时或对话暂停时，即可发起对话。

打招呼： 发起对话的第一件事是和对方打招呼。

  嗨！   最近怎样？

  你好！   你好吗？

开场提问： 你需要就你想谈论的话题提出第一个问题，正式发起对话。

  你_____过得怎样？

  你正在_____什么？

  你打算_____什么？

进一步追问： 为了掌握更多信息，也为了让对话保持下去，你还要问出更多的问题。

  谁……   什么……

  还有呢……   哪里……

  什么时候……   怎样……

  为什么……

练 习

我将和谁一起进行这个练习？_____

什么时候练习？_____

练习中发生了什么？_____

我表现如何？_____

"对话四要素"活动建议

1. 对话的"四要素"其实是四项独立的社交技能,在本章其他部分各有论述。比如,"时机"即"插话"的时机,"打招呼"即"打招呼"技能,"开场提问"在"发起对话"中涉及更多细节,"进一步追问"在"保持对话"中有更充分的阐释。对于绝大多数言语机械记忆能力比较强的学生,"四要素"可以提醒他们对话时需要用到哪几项重要的技能。至于这四项技能是一项一项分开教,还是以"四要素"合起来教,则要看学生能否记住"四要素"的内容,以及在之后能否用它来指导他们的行为。

2. 对四个要素分别进行角色扮演:

a. 时机

(1)演示别人正在谈话,不等他们停下,直接上去问好。

(2)演示某人正忙着做事,不等他做完或不问是否方便,直接上前打招呼。

b. 打招呼

(1)角色扮演呈现当天与人第一次见面时不打招呼直接聊天说事。

c. 开场提问

(1)角色扮演以询问过去、现在以及未来之事发起对话的方法(角色扮演的更多细节,见技能9"发起对话")

(a)问对方昨天、上周末或上周做了什么。问她正在做/吃/玩/读/看什么。问她放学后/明天/即将到来的周末或假期打算做什么。

d. 进一步追问

(1)角色扮演就话题内容进行追问或评论从而让对话进行下去(角色扮演的更多建议,见技能7"保持对话")。

(2)假装采访名人,不断进行追问。

(3)在袋子里装入神秘物件,让学生通过追问猜测答案。

(4)角色扮演呈现常见的学校或家庭对话场面。问问他们昨天/上周末/上周做了什么;问问他们正在做/吃/玩/读/看什么;放学后/明天/即将到来的周末或假期打算做什么。不断追问,让对话持续进行下去。

3. 用有奖竞猜的方式测试学生是否知道"四要素"分别是哪四个要素,并要求他们举例说明。回答正确者获得代币奖励。确保每个人都有回答和得奖的机会。

4. 诱导学生使用技能,即做某件需要他们展示已经理解了这项技能的事。向学生主动发起对话,等他反过来问你相同的问题。不要总是由你来主动提问推进对话,要耐心等待他想出问题、向你发问。需要的话,引导他通过提问和评论将对话进行下去。

5. 奖励"四要素"的恰当运用。

a. 口头表扬正确或部分正确的发话时机、打招呼方式、开场提问和进一步追问。

b. 用代币、硬币或积分奖励能在课上运用这些技能的学生。当代币达到约定的数量时(比如5个),发放特别奖励(零食、贴纸或玩某个特别的游戏)。

技能 24

请别人一起玩

1. 想想你是否真的想和某人一起玩。

2. 找出他们可能爱玩的东西。

3. 走过去。

4. 等他们停下来或看向你。

5. 问:"想跟我一起玩吗?"

6. 如果他们回答说"不",那么去找其他人,或换一个游戏试试。

练　习

我将和谁一起进行这个练习?＿＿＿＿＿＿＿＿＿＿＿＿＿＿＿＿＿＿

什么时候练习?＿＿＿＿＿＿＿＿＿＿＿＿＿＿＿＿＿＿＿＿＿＿＿＿＿

练习中发生了什么?＿＿＿＿＿＿＿＿＿＿＿＿＿＿＿＿＿＿＿＿＿＿

我表现如何?＿＿＿＿＿＿＿＿＿＿＿＿＿＿＿＿＿＿＿＿＿＿＿＿＿＿

"请别人一起玩"活动建议

1. 角色扮演展示"请别人一起玩"的步骤。推荐呈现如下场景：

a. 假装现在是吃点心、自由活动或课间休息时间，而且大家都还没有开始玩。让学生主动请某人一起玩。让对方大部分时间回答说"好的"，偶尔说"不要"，让他只能去找其他人或换个游戏再问。

b. 将上一个场景极端化——没有孩子愿意跟他玩，学生必须向老师求助，而不是对同学发火，因为那样可能会破坏他们之间的友谊。

c. 假装现在在某位同学的家里玩，角色扮演呈现两种场景：学生选了同学特别喜欢玩的游戏、学生选了同学不喜欢玩的游戏。强调在两人一起玩时要选择对方喜欢的游戏。

d. 假装同学们正在教室里忙着阅读或做作业，角色扮演呈现两种场景：耐心等对方做完作业再一起玩、在他们还在做作业时就叫他们一起玩。

2. 诱导学生使用技能，即做某件需要学生主动发起游戏的事。比如，故意在学生面前展示他特别喜欢的某个互动游戏，但不叫他一起玩。如果他没有主动说，引导他，比如对他说："如果你想玩，那就请我跟你一起玩吧。"

3. 纠正不恰当的邀请方式，比如缠着别人非玩不可、玩对方不喜欢的游戏等。鼓励坐在边缘位置、不敢主动的学生找人一起玩。

重要提示：如果你想鼓励害羞的学生主动找人玩，务必事先安排好愿意接受邀请的同伴，然后引导他向他们发出邀请（教导普通同伴的方法详见第9章）。

4. 奖励学生恰当地"请别人一起玩"。

a. 口头表扬正确或部分正确的邀请方式。

b. 学生每次请人一起玩时，给予代币、硬币或积分奖励。当代币达到约定的数量（比如5个）时，发放特别奖励（零食、贴纸或玩某个特别的游戏）。

技能 25

加入别人的游戏

1. 走向正在玩游戏的人。

2. 等他们暂停或看向你。你可能需要走近一些并举起手,引起他们的注意。

3. 对他们正在做的事,说几句好听的话。

4. 问他们,你是否可以一起玩。

5. 如果他们说"不行",那就去找其他人玩。

练　　习

我将和谁一起进行这个练习?＿＿＿＿＿＿＿＿＿＿＿＿＿＿＿＿

什么时候练习?＿＿＿＿＿＿＿＿＿＿＿＿＿＿＿＿＿＿＿＿＿＿

练习中发生了什么?＿＿＿＿＿＿＿＿＿＿＿＿＿＿＿＿＿＿＿＿

我表现如何?＿＿＿＿＿＿＿＿＿＿＿＿＿＿＿＿＿＿＿＿＿＿＿

"加入别人的游戏"活动建议

1. 角色扮演展示"加入别人的游戏"的步骤。建议呈现如下场景：

a. 让两个孩子一起玩课间常玩的游戏，第三个孩子想加入。让前两位孩子同意他加入，偶尔也拒绝，让他想到去找别人玩。

b. 让孩子的兄弟姐妹请朋友过来玩，让学生要求加入游戏。

c. 让其他同学和老师一起玩游戏，让学生要求加入游戏。

2. 诱导学生使用技能，即做某件需要学生要求加入游戏的事。比如，故意在她面前玩她特别爱玩的游戏，但不邀请她，引导或等待她主动要求加入。

3. 纠正不恰当的加入方式，比如擅自加入游戏，甚至顶掉别人的位置。同时，也鼓励坐在边缘位置、胆小的孩子加入游戏。

重要提示：如果你想鼓励害羞的学生主动加入别人的游戏，务必事先安排好愿意接受他加入的同学，然后引导他向他们提出请求，保证他能顺利地加入（教导普通同伴的方法详见第9章）。

4. 奖励学生恰当地"加入别人的游戏"。

a. 口头表扬正确或部分正确的加入方式。

b. 学生每一次顺利加入别人的游戏时，给予代币、硬币或积分奖励。当代币达到约定的数量（比如5个）时，发放特别奖励（零食、贴纸或玩某个特别的游戏）。

技能 26

做出让步

1. 弄清对方想做什么。

2. 告诉对方你想做什么。

3. **做出让步**：建议做一部分对方想做的事、做一部分你想做的事。

4. 别要求什么都按照你的方式来。

练　　习

我将和谁一起进行这个练习？_____

什么时候练习？_____

练习中发生了什么？_____

我表现如何？_____

"做出让步"活动建议

1. 角色扮演展示"做出让步"的步骤。建议角色扮演呈现如下场景：

a. 两个孩子想玩同一件玩具。

b. 两个孩子打算一起玩，但他们想玩不同的游戏。

c. 兄弟姐妹们在争论到底该看谁想看的节目。

d. 只剩一块蛋糕了，但两个孩子都想吃。

2. 诱导学生使用技能，即做某件需要学生做出让步的事。比如，故意说你想做某件与学生想做的不一样的事，然后说："我们可不可以相互让一步？"

3. 纠正学生要求只能按照她的意愿行事的做法。让她建议一个折中的方法。

4. 奖励恰当的让步行为。

a. 口头表扬正确或部分正确的让步行为。

b. 用代币、硬币或积分奖励学生每一次的让步行为。当代币达到约定的数量（比如 5 个）时，发放特别奖励（零食、贴纸或玩某个特别的游戏）。

技能 27

分 享

1. 如果你与别人分享你的东西,他们也会与你分享他们的东西。

（想法气泡：如果我分享我的东西,他们也会分享他们的东西。）

2. 主动与人分享你的东西。

（对话：想不想玩我的电脑？—— 好啊,谢谢你！）

3. 征求别人是否同意与你分享他们的东西。不要直接拿。

（对话：我可以玩你的玩具车吗？—— 没问题！）

练 习

我将和谁一起进行这个练习? _____

什么时候练习? _____

练习中发生了什么? _____

我表现如何? _____

"分享"活动建议

1. 角色扮演展示"分享"的步骤。建议角色扮演呈现如下场景：

a. 两个孩子（同学或兄弟姐妹）想玩教室或家里的同一款积木（或其他玩具）。

b. 一个孩子想玩另一个孩子的玩具（学校或家里）。

c. 孩子们要完成一个手工作品，但材料只有一套，他们只能共用。

d. 在零食时间，有一个学生没有东西可吃。

2. 诱导技能：

a. 让孩子们（同学或兄弟姐妹）完成一个手工作品，但只给他们一套材料，比如一套水彩笔、一瓶胶水等，让他们必须与人共用。

b. 给学生们发零食，假装发完还不够，迫使他们彼此分享。不排除没人愿意分享的情况，所以还是要备足零食。

3. 纠正不愿意分享的行为。有些学生，如果被告知他们的分享只是暂时的，他们一会儿就可以重新拿回材料或玩具，就会比较乐于分享。

4. 奖励恰当的分享行为。

a. 口头表扬正确或部分正确的分享行为。

b. 用代币、硬币或积分奖励学生每一次的分享行为。当代币达到约定的数量（比如5个）时，发放特别奖励（零食、贴纸或玩某个特别的游戏）。

技能 28

轮　流

1. 轮流的意思是别人在玩某个东西时，你在一旁等待，然后你玩的时候，他们等待。

2. 轮流时，你可能需要等待，但你也会因此赢得朋友。

轮流先玩

1. 在和别人玩游戏或玩具时，可使用这一技能来决定谁先玩。

2. 以下方法任选其一，来决定谁先玩：

a. "**剪刀石头布**"。适用于两人之间。每个学生将右手放到背后，准备好"剪刀""石头"或"布"，在说完"剪刀石头布"之后，同时出手。石头赢剪刀，剪刀赢布，布赢石头。

b. "**不一样的手指在这里**"。适用于两人以上。每个学生将手放到背后，伸出一根或两根手指，在说完"不一样的手指在这里"之后，同时出手。手指数与其他人都不一样的胜出。如果没有独一个，继续玩，直到出现为止。

c. **抛硬币**。将硬币抛起，让一人猜测硬币落下后的正反情况。

d. "**点兵点将**"。某人一边念顺口溜，一边按顺序点人，一字一人，最后一个字点到谁，谁就先玩。

3. 下次一起玩的时候，让另一个人先玩。如果你耐心等待自己的机会，对方会很开心，也会愿意跟你一起玩。

练　习

我将和谁一起进行这个练习？ _____

什么时候练习？ _____

练习中发生了什么？ _____

我表现如何？ _____

"轮流"活动建议

1. 角色扮演展示"轮流"的步骤。孩子可以主动选择让别人先玩，或用公平的方法决定先后（见"玩游戏"）。建议角色扮演呈现如下场景：

a. 2个或2个以上的孩子想玩教室或家里唯一的电脑。

b. 2个或2个以上的孩子想玩某个游乐设施，但这个设施一次只能一个人玩。

c. 在玩桌面游戏的时候，孩子们需要用一个公平的办法（见"玩游戏"）来决定谁先来，以及谁先选择自己喜欢的颜色或零件。

d. 角色扮演呈现上述游戏场景，但时间设定为之后的某一天。之前先玩的人这次应该后玩或最后一个玩。

2. 诱导技能。在学生正要向你要某个东西的时候，假装你也想要那个东西，让轮流势在必行。当学生想先玩或想用某一个游戏零件时，你也说想要，这样你们就必须用公平的手段决定先后顺序。

3. 提醒那些不给别人轮流机会的人。告诉他们，别人轮着玩只是暂时的，下次还会轮到他们玩，或者下次他们可以先玩。

4. 奖励恰当的轮流活动。

a. 口头表扬正确或部分正确的轮流。

b. 每次当学生能接受与人轮流活动时，给予代币、硬币或积分奖励。当代币达到约定的数量（比如5个）时，发放特别奖励（零食、贴纸或玩某个特别的游戏）。

技能 29

玩 游 戏

1. 弄清游戏规则。

a. "游戏的目标是什么?"

b. "怎么玩?"

2. 决定谁先玩。

a. 为了交朋友，主动让别人先玩。

b. 通过抛硬币、掷色子或"石头剪刀布"之类的方法随机决定谁先玩。

3. 等轮到你的时候再玩。

练 习

我将和谁一起进行这个练习? _____

什么时候练习? _____

练习中发生了什么? _____

我表现如何? _____

"玩游戏"活动建议

1. 角色扮演展示"玩游戏"的步骤。建议角色扮演呈现如下场景：

a. 利用任意一种标准的桌面游戏，练习这一技能的全部过程。

b. 让学生轮流为某个标准游戏制定新规则，直到它变成一个完全不同的新游戏。这个过程不仅需要他们密切关注规则问题，还能让他们的思维更加灵活，更容易接受新的游戏。你可以先定几条规则，让学生照着你的样子，制定他们的规则。比如追人游戏，我们可以将一个人追改成几个人追，还可以设定任意数目的"安全"区域，规定在这些区域里不可以抓人。或者在玩国际跳棋的时候，除了标准的斜向跳法，还可以往直角方向跳。

2. 诱导技能。

a. 除非学生问起，否则不说明规则，直接开始玩某一个标准游戏。不断变化规则，直到他们提出抗议。然后提醒他们，在玩游戏之前应该先掌握游戏规则。

b. 在玩游戏的时候，你坚决要求第一个玩，偶尔甚至不等轮到你，就抢着先玩，直到有人提出抗议。然后提醒其他人，轮流玩才公平。

3. 纠正不轮流或不事先掌握游戏规则的做法。

4. 奖励事先"掌握游戏规则"和"轮流"玩游戏的做法。

a. 口头表扬正确或部分正确的游戏方式。

b. 每次当学生能公平地参与游戏时，给予代币、硬币或积分奖励。当代币达到约定的数量（比如 5 个）时，发放特别奖励（零食、贴纸或玩某个特别的游戏）。

技能 30

输了怎么办

1. 对自己说:"一场游戏而已,以后还有很多机会。"

2. 记住,就算输了游戏,如果你能保持风度,也会赢得朋友。朋友比游戏更重要。

3. 为了表现风度,你应该对对方说:
"祝贺你!"
"我认输!"
"你玩得真好!"

4. 与对方握手,并一起将游戏材料收拾好。

练　　习

我将和谁一起进行这个练习? _____

什么时候练习? _____

练习中发生了什么? _____

我表现如何? _____

"输了怎么办"活动建议

1. 为了教这一技能，家长和老师可能需要暂时夸大这样一种思想：赢得比赛不算什么，输得心平气和才厉害。在开始游戏之前，成人应该告诉孩子，他们最关心的不是他们赢不赢，而是万一输了，他们会怎么应对。在游戏过程中，成人可以预判哪个孩子可能会输，提醒他如果不生气，他会赢得朋友，如果能一直保持冷静，还能获得奖励。成人对赢家要表现出不太在意的样子，对输家保持风度的行为则大加赞赏。

2. 角色扮演展示"输了怎么办"的步骤。建议采用短小的游戏，这样可以避免大段的游戏时间，将更多时间用于技能练习。

   a. 通过抛硬币、"剪刀石头布"等方式决定谁能先玩。不管谁输了，都要复习一遍应对失败的完整步骤。应该给输了还能保持冷静的学生鼓掌喝彩。

   b. "井字棋"（tic-tac-toe）是一个可以速战速决的双人游戏，很适合在练习这一技能的时候使用。可以让两个学生当着其他人的面玩这个游戏。不过，如果学生输了，则有必要趁她还没来得及懊恼的时候，及时为她的冷静鼓掌喝彩。

   c. "抢椅子"（Musical chairs）和"西蒙说"（Simon Says）是很适合小组玩的快速小游戏。当学生因为没抢到椅子或做错动作而出局的时候，提醒他们采用"输了怎么办"的步骤加以应对。当他们能在一旁静静等待下一场游戏的时候，为他们鼓掌喝彩。至于那些极度沮丧的学生，不要讲道理开导，而要设法转移他们的注意力。多几次这样的经历，他们就不那么容易发脾气了。

   d. 至于大一点的孩子（4年级及以上），可以玩桌面游戏或进行体育比赛。"输了怎么办"所涉及的技能不仅可以用在最终落败的时候，也可以用在中途受挫的时候（比如三振出局、掷出的色子点数很小、投篮不中等）。

3. 做某件需要学生应对败局的事，诱导学生使用技能。比如，你可以说："这一局我要努力打败你，看你能不能应对失败。应对失败可比赢得比赛难多了。让我们看看你能不能做到。"

4. 当学生因为输了而沮丧生气的时候，引导他运用"输了怎么办"的技能步骤。如果他依然愤怒或愈加沮丧，设法转移他的注意力（比如让他离开比赛或游戏现场，去做别的事）。

5. 奖励学生恰当应对败局的行为。

   a. 当学生快要输了或已经输了但努力保持冷静的时候，给予口头表扬。

   b. 每次当学生能恰当应对败局的时候，给予代币、硬币或积分奖励。当代币达到约定的数量（比如5个）时，发放特别奖励（零食、贴纸或玩某个特别的游戏）。

技能 31

赢了怎么办

1. 如果你在赢了比赛之后能保持风度,那么你还可以赢得朋友。

2. 保持"风度"意味着:

a. 不吹嘘或炫耀你赢了,因为那样会让输的人感觉不舒服。

b. 对输的人说:"玩得不错!"

c. 如果别人因为输了而不高兴,提醒他们这只是一个游戏而已,下次还有机会赢。

练 习

我将和谁一起进行这个练习?_____

什么时候练习?_____

练习中发生了什么?_____

我表现如何?_____

"赢了怎么办"活动建议

1. 与"输了怎么办"一样，我们需要提醒学生，赢得比赛不是目的，赢得朋友才是。强调我们更在意的是他们在游戏中赢得朋友的能力。

2. 角色扮演展示"赢了怎么办"的技能步骤。我们建议的场景与"输了怎么办"相同，这两项技能的角色扮演应该同时进行。我们也建议采用短小的游戏，为技能练习留出更多的时间。

   a. 通过抛硬币、"剪刀石头布"等方式决定谁能先玩。不管谁输了，都要复习一遍"输了怎么办"的完整步骤，而另一方则复习一遍"赢了怎么办"。输了不生气，赢了也不炫耀，能保持友谊的学生可以赢得掌声和表扬。没有人会因为赢了而得到掌声，因为交友能力比胜负本身更为重要。

   b. "井字棋"是一个可以速战速决的双人游戏，很适合在练习这一技能的时候使用。可以让两个学生当着其他人的面玩这个游戏。同样地，输了不生气、赢了不炫耀、能保持友谊的学生都可以得到掌声和表扬。

   c. "抢椅子"和"西蒙说"也是非常适合小组玩的快速小游戏。

   d. 至于大一点的孩子（4年级及以上），可以玩桌面游戏或进行体育比赛。"输了怎么办""赢了怎么办"所涉及的技能不仅可以用于应对最终的输赢局面，也可以用在中途失利或小胜的时候（比如三振出局或击出本垒打等）。

3. 诱导技能，做某件需要学生赢了还保持优雅的事。比如，在你输掉比赛之后，你可以说："你比我厉害太多了。你是史上最厉害的。我烂透了。"看赢的学生是否能想办法安慰你、鼓励你，而不是自鸣得意。

4. 奖励学生恰当应对赢局的行为。

   a. 口头表扬学生在赢了之后还能努力保持风度。

   b. 每次当学生能恰当应对赢局的时候，给予代币、硬币或积分奖励。当代币达到约定的数量（比如5个）时，发放特别奖励（零食、贴纸或玩某个特别的游戏）。

技能 32

结束游戏活动

1. 判断你是否真的不想玩下去了。

a. 你想做别的事了?

b. 和你一起玩的人做了你不喜欢的事?

c. 你不喜欢对方这个人吗?

2. 不要直接走开。如果对方想玩完一局,尽量陪着玩完。

3. 用友好的语气告诉对方,你为什么不想玩下去了。

a. 如果你想做别的事了,可以说:"我不玩了,因为我想玩别的了。"

b. 如果你不喜欢对方做的事,可以说:"我不玩了,因为我不喜欢你刚才的做法。"

c. 如果你不喜欢对方这个人,找个借口说你有别的事要做。你可以说:"我不能玩了,我还有别的事要做。"

练 习

我将和谁一起进行这个练习? _____

什么时候练习? _____

练习中发生了什么? _____

我表现如何? _____

"结束游戏活动"活动建议

1. 角色扮演展示"结束游戏活动"的步骤。建议角色扮演呈现如下场景：

a. 你们正在玩一个游戏，但游戏越来越没劲了。练习告诉对方你想去玩别的了，而不是直接走开。

b. 和某人玩了一会儿之后，你觉得和别人玩没意思。练习结束游戏并告诉对方你想休息一下，而不是在中途突然离开。

c. 假装你们在玩一个游戏，其中一人老是作弊。练习心平气和地告诉他你为什么不想再玩了，而不是生气。

d. 假装你被要求与一个你不喜欢的人一起玩。练习找借口说你不想玩，而不是直接告诉对方你不喜欢他/她。

2. 纠正学生不恰当地或突然地结束游戏的做法。让学生耐心等待游戏的结束并/或找一个恰当的借口离开。

3. 诱导学生使用技能。告诉他们，你要测试他们是否能恰当地结束游戏。故意和他们玩枯燥乏味的游戏或开始作弊，让游戏变得特别没劲，迫使他们用恰当的方式结束游戏。

4. 奖励用恰当的方式结束游戏活动的行为。

a. 口头表扬正确或部分正确的结束游戏的方式。

b. 用代币、硬币或积分奖励恰当地结束了某个游戏活动的学生。当代币达到约定的数量时，发放特别奖励（零食、贴纸、玩特别的游戏或看特别的节目）。

技能 33

正式与非正式行为

	正式	非正式
定义	非常有礼貌的、尊敬的。	随意和放松的。
对象	不太熟悉的人； 长辈或权威人物：年长者、父母、老师、校长、训练班老师、警察、雇主等。	好朋友和亲近的家人。
打招呼	"您好。"	"最近咋样？还好吗？"
征求同意	始终征求同意。"我可以喝点饮料吗？"	有时不必征求同意。"我要喝点饮料。"
倾听姿态	坐端正。保持目光接触。手脚不乱动。不插嘴。	可以坐得比较随意。偶尔可以插嘴。
决定做什么	可以让对方知道你想做什么，但权威人物将决定你最终能做什么。	有商有量，适当让步。双方的愿望都能得到一定的满足。
说笑或胡闹	正式场合不要说笑或胡闹，除非权威人物带头这样做。	如果朋友想听，你完全可以说笑。你还能稍微胡闹一下，但如果朋友要求你停止，请务必停下。

练 习

我将和谁一起进行这个练习？ _____

什么时候练习？ _____

练习中发生了什么？ _____

我表现如何？ _____

"正式与非正式行为"活动建议

1. 在讲解完技能之后，你可以采用有奖竞猜的方式，带学生复习这一技能涉及的各种情况。比较推荐"谁想成为百万富翁"的形式（详见第4章）。学生轮流答题，表演不同场合下正式或非正式的行为。推荐问题如下：

　　a. 学生在商场碰到学校校长。他应该怎么跟校长打招呼？

　　b. 学生在商场碰到几位朋友。她可以怎么和他们打招呼？

　　c. 学生在教室上课时想喝水。他可以怎么说？

　　d. 学生在朋友家与朋友的父母一起吃饭，他还想要一些甜点，应该怎么说？

　　e. 学生和朋友一起边吃零食边看电视，她想再吃些零食，应该怎么做？

　　f. 演示学生在课上应该怎样听课。

　　g. 演示学生在自家客厅和同学一起玩时可以怎样听大家讲话。

　　h. 午饭时，一位同学想吃比萨，另一位同学想吃汉堡，他们各自都带了钱，身边也没有大人。他们可以怎样做决定？

　　i. 一位同学在另一位同学家做客。主人同学和他的父母想点比萨当晚餐，客人同学则想吃汉堡，而买单的是主人同学的父母。他们可以怎样做决定？

　　j. 讨论可以跟谁开玩笑。如果老师跟同学们开玩笑，同学们也可以跟老师开玩笑吗？如果别人跟他们说不要开玩笑，他们应该继续开玩笑吗？

2. 当学生出现不符合场合要求的正式或非正式行为时，当即纠正。着重强调谁在那里，以及为什么他的表现是不恰当的。

3. 诱导学生使用技能。当教室或家里来了新客人时，你表现得正式而庄重。然后，在自己家或朋友家和熟人在一起时，表现得极其随意和放松。看学生能否理解两种行为在正式程度上的差别，并以此为标准决定他们自己的行为。

4. 奖励对正式与非正式行为的恰当把握。

　　a. 口头表扬正确或部分正确的正式或非正式行为。

　　b. 用代币、硬币或积分奖励能按照场合的要求表现出正式或非正式行为的学生。当代币达到约定的数量时，发放特别奖励（零食、贴纸、玩特别的游戏或看特别的节目）。

技能 34

尊重个人边界

1. 人有权独自待着或收好自己的东西。如果你尊重他人的空间和物品,他人也会尊重你。

2. 尊重他人的空间意味着:

a. 与他人保持一定的身体距离。比如,离他们大约**一臂远**,除非他们要求你靠得更近。

b. 允许他人自己待着。

c. 允许他人与你之外的人交谈或做事。也就是说,不强迫他人只和你说话或做事。

d. 不要求他们谈论他们明确表示不想谈论的私事。

3. 尊重他人的物品意味着:

a. 不碰别人的东西,除非他们允许你或请你这么做。

b. 不经允许,不拿也不借别人的东西。

c. 不弄脏或损坏从别人那儿借来的东西。

练 习

我将和谁一起进行这个练习? _____

什么时候练习? _____

练习中发生了什么? _____

我表现如何? _____

"尊重个人边界"活动建议

1. 在讲解完技能之后,你可以采用小组讨论(对大一点的孩子)或有奖竞猜的方式,带学生复习这一技能涉及的各种情况。比较推荐"谁想成为百万富翁"的形式(详见第 4 章)。让学生轮流答题,演示不同场合下如何尊重他人的个人边界。推荐问题如下:

　　a. 在一起聊天或玩游戏时,人与人之间应该保持多远的距离?

　　b. 如果你想和朋友一起玩,但朋友只想自己待着做自己的事,你应该怎么做?为什么?

　　c. 如果你约朋友一起玩,但她说她要和其他朋友去某个地方,你应该怎么做、怎么说?为什么?

　　d. 如果你问你的朋友为什么他从来不谈某件事(比如,他的父母、以前在哪里上学、为什么不在更衣室换衣服、为什么每个周六都没空),而他说不想谈论此事,你应该怎么做、怎么说?为什么?

　　e. 如果你对朋友的某个东西很感兴趣,很想拿过来看看,你应该怎么做?为什么?

　　f. 你可以不经朋友同意直接借他的东西吗?偶尔这样做可以吗(比如借一支铅笔)?

　　g. 如果你弄坏了从朋友那里借来的 CD 机,你应该怎么做?为什么?

2. 纠正侵犯个人边界的不恰当行为。

3. 诱导学生使用技能:故意将有趣的东西或好吃的零食放在孩子够得到的地方,看他们会不会先征得你的同意再碰那个东西。

4. 奖励尊重他人边界的行为。

　　a. 当你观察到学生能尊重他人的边界时,给予口头表扬。

　　b. 当学生在某件事中表现了对他人边界的尊重时,给予代币、硬币或积分奖励。当代币达到约定的数量时,发放特别奖励(零食、贴纸、玩特别的游戏或看特别的节目)。

技能 35

事实与观点（尊重他人观点）

1. 定义：

a. **事实**是所有人一致认可的想法。哪怕只有一个人持不同意见，都不算事实，而只是观点。

b. **观点**是未被所有人一致认可的想法。每个人都有各自不同的观点。

2. 与人友好相处，意味着你：

a. 把个人想法当观点而不是事实来陈述。

b. 尊重他人的个人观点。"好吧，那是你的观点，我的观点不太一样。"

c. 偶尔学学别人的做事方式，让自己更加灵活变通。

练 习

我将和谁一起进行这个练习？_____

什么时候练习？_____

练习中发生了什么？_____

我表现如何？_____

"尊重他人观点"活动建议

1. 角色扮演展示"尊重他人观点"的步骤。建议角色扮演呈现如下场景：

a. 讨论学生对食物、电视节目、电子游戏的喜好。当他们发现每个人的喜好都不一样的时候，教导他们尊重其他人的喜好，并用语言表达这种尊重。与之相反，角色扮演展现冒犯他人喜好的行为（只有训练指导者可以这样做，如果是同学，难免为此起争执），比如你说："你喜欢的那个队太烂了。"或者"你怎么喜欢玩这么幼稚的游戏？"

b. 作为指导者，根据你对学生的了解，故意说一个与他们的观点或价值相悖的观点，要求他们表示尊重。承认这是你的权利，即使他们完全不同意。比如，对讨厌"洋葱炒猪肝"的学生说："我觉得洋葱炒猪肝最好吃了。"宗教与政治方面的异见更让人难以忍受，你可以对一个政党的拥护者说只有另一个政党才是办实事的党。引导他们心平气和地表示尊重你的观点，然后表达他们的不同意见。

c. 让小组学员、班级同学或家里的兄弟姐妹一起想办法改变旧的游戏规则，再轮流按照每个人的新规则来玩游戏，让学生们看到一个游戏可以有很多种不同的玩法。

2. 诱导学生使用技能。故意说出像上面那样具有挑衅意味的观点，引导学生先表示尊重，再进行反驳。同样地，故意改变游戏规则或常规做事方法，锻炼他们灵活变通、接受不同风格的能力。

3. 当学生要求其他人一致认可他的做事方式，认为那是唯一正确的方式，或他的观点是唯一"允许"的观点时，予以纠正。

4. 奖励"尊重他人观点"的行为。

a. 口头表扬正确或部分正确的尊重他人观点的做法。

b. 每当学生能尊重不同意见或不同做事方式时，给予代币、硬币或积分奖励。当代币达到约定的数量（比如5个）时，发放特别奖励（零食、贴纸或玩特别的游戏）。

技能 36

共享朋友

1. 有时候,你的朋友也想和别人聊天或玩耍。

2. 如果你不因此而生气,让他们去做想做的事,那么他们会觉得和你交往比较轻松愉快。

3. 如果你因为朋友与别人聊天或玩耍而生气,他们会觉得不舒服,觉得和你交朋友是被迫的,而不是自愿的。

4. 想一想,你喜欢自愿跟你玩的朋友,还是被迫跟你玩的朋友。所谓朋友,就是你真心想和他们在一起而他们也真心想和你在一起的人。

练　　习

我将和谁一起进行这个练习?＿＿＿＿＿＿＿＿＿＿＿＿＿＿＿＿

什么时候练习?＿＿＿＿＿＿＿＿＿＿＿＿＿＿＿＿＿＿＿＿＿＿

练习中发生了什么?＿＿＿＿＿＿＿＿＿＿＿＿＿＿＿＿＿＿＿＿

我表现如何?＿＿＿＿＿＿＿＿＿＿＿＿＿＿＿＿＿＿＿＿＿＿＿

"共享朋友"活动建议

1. 这一技能更适合讨论而不是角色扮演，因为它的关键在于让学生分辨什么是真正的朋友、什么是被迫交往的朋友，然后努力培养真正的友谊。下面这些活动可以帮助学生理解与人共享朋友的意义：

a. 让学生坐在教室或家中一角，和你一起玩某个无聊的游戏。让另一个学生邀请他一起玩一个更加好玩的游戏。但你坚持他只能和你玩。问问他，下次还愿不愿意和你一起玩？

b. 安排和上面一样的活动，但同意他和别人玩一个简短的游戏。过一会儿，再请他和你玩一个有趣的游戏。问问他，相比上次被迫跟你玩，这一次是不是更愿意回来和你一起玩？

2. 诱导学生使用技能。当学生与他的朋友一起玩的时候，设法吸引他的朋友和你玩。引导学生共享他的朋友。而朋友在之后也会回来再和他一起玩。

3. 纠正孩子不让朋友与别人玩的行为。提醒孩子，如果他让他们和别人玩，他们会更愿意回来和他玩。

4. 奖励与人"共享朋友"的做法。

a. 口头表扬正确或部分正确的共享朋友的做法。

b. 每次当学生能与人共享朋友时，给予代币、硬币或积分奖励。当代币达到约定的数量（比如 5 个）时，发放特别奖励（零食、贴纸或玩特别的游戏）。

技能 37

用积极的方式获取关注

关注的意思是别人看着你、听你说话。

a. 积极关注意味着别人看着你、听你说话并且喜欢你的所作所为。用积极的方式获取关注可以帮助你交到朋友并保持友谊。

b. 消极关注意味着别人看着你、听你说话但不喜欢你的所作所为。用消极的方式获取关注会让你失去朋友。

积极方式	消极方式
听别人在谈什么,再就所谈内容提出问题。	不要都是你一个人在说。
和别人聊他感兴趣的话题。	不要只谈你自己感兴趣的事。
恭维别人。	不要冒犯别人或挑起敏感话题(让别人不舒服的话题)。
请别人玩他想玩的游戏。	不要对别人该玩什么指手画脚。
约某人一起玩,如果对方拒绝你,去找其他人。	不要因为别人不想和你聊天或玩耍就对他们发火。
只在别人愿意听的时候才讲笑话。说:"要不要听个笑话?"	不要一遍又一遍地讲同一个笑话。
说真话。	不要编造虚假的故事。也不要假装受伤以博取他人的同情。

练 习

我将和谁一起进行这个练习？ _____

什么时候练习？ _____

练习中发生了什么？ _____

我表现如何？ _____

"用积极的方式获取关注"活动建议

1. 这一技能包含的信息量较大，较为年幼的孩子会有点难以消化。有时候，带他们学习某一种具体的消极关注或积极关注，反而是比较明智的做法。如果学生本身存在用消极方式获取关注的问题，那就将学习焦点对准她的问题行为（比如总是瞎闹），以及可以替代它的良好行为（比如请别人玩他们喜欢的游戏）。对于稍大一些的孩子，如果他们已经学习过主动发起游戏、发起对话、避免敏感话题、讲话简洁等技能，那么可以趁此机会再复习一遍，因为这些都是可以促进友谊的积极因素。

2. 在讲解完技能之后，用有奖竞猜的方式带学生复习技能涉及的各种情况。"谁想成为百万富翁"是一个比较好用的竞猜形式（详见第4章）。学生轮流回答问题，讲述获取关注和保持友谊的各种方法。推荐问题如下：

    a. 别人关注你就是喜欢你吗？（不是。消极关注反而会让别人远离你。）

    b. 总是胡闹会让别人更喜欢你吗？（不会。如果别人叫你别闹了，你就应该马上停止，不然他们会觉得你很烦。）

    c. 说出一种获取关注的积极方式并演示一下。

    d. 演示一种获取关注的消极方式，再说一说怎么做能把它转换成积极的方式。

    e. 再演示一种获取关注的积极方式，并说一说你是怎么做的。

    f. 再演示一种，并说一说。

3. 角色扮演展示积极和消极的获取关注的方式。学生可以轮流演示各种积极或消极的方式，其他人可以猜一猜他们在做什么。可以提前将积极或消极方式一一写在小纸条上，让每个学生从中挑一张，并将上面的内容表演出来。

4. 将消极的获取关注的方式往有助于维持友谊的积极方向纠正。对某些学生的不恰当言论，可能需要采取警告甚至剥夺特权或隔离冷静的措施。

5. 技能诱导：当学生过分胡闹的时候，直接喊"停"，提醒他们停止胡闹才能保持友谊。

6. 奖励学生用积极的方式寻求关注，避免用消极的方式寻求关注。

    a. 当学生用积极的方式寻求关注或避免过分胡闹的时候，给予口头表扬。

    b. 如果学生能用积极的方式寻求关注或避免过分的胡闹，奖励其代币、硬币或积分。当代币达到约定的数量时，发放特别奖励（零食、贴纸、玩特别的游戏或看特别的节目）。

技能 38

不做"规则警察"

1. 大多数时候,不要指点别人该做什么。让别人遵守规则不是你的职责。如果你总是让别人遵守这个遵守那个,甚至去打小报告,他们会很烦你。

2. 但也有例外,在下面这些情况下,你可以告诉别人应该遵守什么规则:

a. 当你是老师、老板或负责管理别人的时候。

b. 当别人问你有什么规则的时候。

c. 当别人违反的规则可能给他们自己或其他人带来很大危害的时候。

d. 如果别人通过做某件事来伤害你,你可以用"我"字句勇敢地维护自己或去告发他们。

练 习

我将和谁一起进行这个练习?＿＿＿＿＿＿＿＿＿＿＿＿＿＿＿＿

什么时候练习?＿＿＿＿＿＿＿＿＿＿＿＿＿＿＿＿＿＿＿＿＿＿

练习中发生了什么?＿＿＿＿＿＿＿＿＿＿＿＿＿＿＿＿＿＿＿＿

我表现如何?＿＿＿＿＿＿＿＿＿＿＿＿＿＿＿＿＿＿＿＿＿＿＿

"不做'规则警察'"活动建议

1. 对于年幼的孩子以及语言理解能力较弱的孩子,"不做'规则警察'"会有点抽象,教他们"什么时候告状"会比较合适,这两项技能涉及很多相同的教学内容。在讲解完技能之后,你可以用有奖竞猜的方式带学生复习技能涉及的各种情形。"谁想成为百万富翁"是一个比较好用的竞猜形式(详见第4章)。学生轮流回答问题,区分哪些场合可以告诉别人该怎么做,哪些场合最好保持沉默。推荐问题如下:

a. 为什么你不应该告诉别人该做什么?

b. 如果有人违反校规校纪,在学校嚼口香糖,你应该怎么做?(可能什么也不做。这样的情况虽然违纪,但毕竟没有危险性。)

c. 如果老师让大家阅读,但有一位同学偏偏在画画,你应该怎么做?(可能什么也不做,因为告状不是你的职责。)

d. 如果有人在卫生间点燃了厕纸,你应该怎么做?(告诉大人,因为这件事很危险。不要说出这个人的名字,也不要在危险中直接与对方起正面冲突。)

e. 如果学校规定午餐时每人只能领一盒牛奶,但有人领了两盒,你该怎么办?(如果剩下的牛奶还够每人一盒,那么也许什么也不做。)

f. 如果上课时同学老是和你说悄悄话,让你很烦,你可以怎么办?(或许会告诉他不要这样,因为他直接影响了你。)

g. 如果一位同学总是拍另一位同学的肩膀,让他很烦,你应该怎么办?(可能什么也不做,因为这并不危险,也不直接影响你。)

2. 角色扮演呈现以上各种情境或真实的生活场景(学生不恰当地指点了别人)。

3. 当学生充当"规则警察"的时候,通过提问予以纠正。"这样做有危险吗?那个人伤害你了吗?你负责管理他们吗?如果都不是,那就不要指点他们该做什么。"

4. 故意当着学生的面违反没有危险性的纪律,诱导他们使用技能(比如嚼口香糖或不听从指令)。

5. 奖励学生不随便指点别人的行为。

a. 当学生能不随便指点别人的时候,给予口头表扬。

b. 当学生能在别人违纪时,根据具体情况做出恰当的反应(保持沉默或报告给成人)时,给予代币、硬币或积分奖励。当代币达到约定的数量时,发放特别奖励(零食、贴纸、玩特别的游戏或看特别的节目)。

技能 39

乐于助人

1. 想一想帮助他人有哪些好处:

a. 如果你帮助了别人,别人也会帮助你。

b. 人们看到你帮助别人,会觉得你是个好人,会想和你交朋友。

c. 乐于助人会让你自我感觉良好。

2. 发现他人可能需要帮助:

a. 他们在做作业时遇到困难。

b. 他们的东西太沉提不动。

c. 他们的笔或纸不见了,你可以借给他们。

d. 他们被人晾在一边,需要有人上前请他们一起玩或一起聊天。

e. 他们腾不出手来开门。

3. 说:"我来帮你。"然后提供帮助。

4. 如果他们说不需要帮助,那就随他们去。

5. 注意,不要在老师不需要的时候过分热心地向老师提供帮助,以免其他同学对你产生不满,认为你在拍马屁"争宠"。

练 习

我将和谁一起进行这个练习? _____

什么时候练习? _____

练习中发生了什么? _____

我表现如何? _____

"乐于助人"活动建议

1. 利用以下场景或学生日常生活中真实发生的场景，角色扮演展示技能步骤：

a. 同学做作业时遇到困难。

b. 家长或老师非常费力地提着一件重物。

c. 同学的笔或纸不见了，而你正好可以借给他们。

d. 朋友落单了，需要有人上前请他一起玩或说话。

e. 同学、老师或家长腾不出手开门。

f. 重新角色扮演呈现以上各个场景，不同的是，这次对方不接受你的帮助。

g. 演示当着其他同学的面反复给老师提供不必要的帮助，比如提醒老师她布置了哪些作业、还要布置哪些作业等。与学生讨论：这样的行为会让其他同学怎么想？

2. 当学生没有发现别人需要帮助的时候，提醒他们。

3. 技能诱导：故意装成需要帮助的样子但不直说。比如双手拿着东西，怎么也开不了门。或者，抱怨说你不知道怎样才能把某个东西拼装完整。

4. 奖励"乐于助人"的行为。

a. 口头表扬学生主动帮助别人。

b. 用代币、硬币或积分奖励学生主动帮助别人的行为。当代币达到约定的数量时，发放特别奖励（零食、贴纸、玩特别的游戏或看特别的节目）。

技能 40

什么时候告状

1. 平时尽量不要告状,因为那样会让被告状的人生气或伤心。

2. 如果遇到下面这些情况,去告状:

a. 你已经制止他们,也设法不理他们,但他们还是不停地骚扰你。

b. 他们做的事很危险,会伤害他们自己或其他人。

练　　习

我将和谁一起进行这个练习?＿＿＿＿＿＿＿＿＿＿＿＿＿＿＿＿

什么时候练习?＿＿＿＿＿＿＿＿＿＿＿＿＿＿＿＿＿＿＿＿＿＿

练习中发生了什么?＿＿＿＿＿＿＿＿＿＿＿＿＿＿＿＿＿＿＿＿

我表现如何?＿＿＿＿＿＿＿＿＿＿＿＿＿＿＿＿＿＿＿＿＿＿＿

"什么时候告状"活动建议

1. 这一技能与"不做'规则警察'"高度相似，但更适合学前到二年级的小朋友。在讲解完技能之后，角色扮演呈现真实的生活场景（在教室或在家里经常发生的孩子之间相互告状的情景）或下面列举的场景。如果学生已经有能力想象假设的场景，那么你可以用有奖竞猜的方式带他们复习该技能涉及的各种情况。"谁想成为百万富翁"是一个比较好用的竞猜形式（详见第4章）。让学生轮流回答问题，区分哪些场合应告诉别人该怎么做，哪些场合最好保持沉默。推荐问题如下：

   a. 如果有人总用铅笔敲你，你应该怎么做？（先让他们不要这样；如果他们还是这样，就去告状。）

   b. 如果有人违反校规校纪，在学校嚼口香糖，你应该怎么做？（可能什么都不做。虽然这样做违反纪律，但毕竟没有危险性。）

   c. 如果老师让大家阅读，但一位同学偏偏在画画，你应该怎么做？（可能什么都不做，因为告状不是你的职责。）

   d. 如果有人在卫生间朝你扔厕纸，你应该怎么做？（让他们不要这样；如果他们不听，告诉大人。）

   e. 如果老师给大家准备了万圣节糖果，每人一颗，但有人拿了两颗，你会怎么办？（如果剩下的糖果还够每人一颗，那么可能什么也不做。）

   f. 如果上课时同学老是说悄悄话烦你，你可以怎么办？（应该会制止这种行为，因为他直接影响了你。如果他不听，告诉老师。）

   g. 如果一位同学总是拍另一位同学的肩膀，让他很烦，你应该怎么办？（可能什么都不做，因为这并不危险，也不直接影响你。）

2. 当学生来告状的时候，通过提问进行引导："这样做有危险吗？那个人伤害你了吗？你告诉他们不要这样了吗？"

3. 故意当着学生的面违反没有危险性的纪律（比如嚼口香糖），或故意给他们一点骚扰（老是拍他们的肩膀），诱导他们使用技能。

4. 奖励学生不随便指点别人。

   a. 当学生能不随便指点别人的时候，给予口头表扬。

   b. 当学生能在别人违纪时，根据具体情况做出恰当的反应（保持沉默或报告给成人），给予代币、硬币或积分奖励。当他的代币达到约定的数量时，发放特别奖励（零食、贴纸、玩特别的游戏或看特别的节目）。

技能 41

谦　　虚

1. 谦虚就是你让别人看到你的能力还"不错",但并不是特别厉害。这意味着你不在别人面前夸耀你的才能和成就。

2. 想一想保持谦虚有哪些好处:
a. 如果你谦虚,别人会更尊重你。
b. 别人会觉得你和他们差不多、不比他们更优秀,与你相处就会比较自在愉快。

3. 谦虚的表现有:
a. 交作业的时候不会对全班同学说"我的作业全部完成了"。
b. 上课时不会抢着回答老师所有的问题,只挑几个回答就够了。
c. 在心里想自己有哪些才能和成就,但不说出来,除非有人问你。

练　　习

我将和谁一起进行这个练习?＿＿＿＿＿＿＿＿＿＿＿＿＿＿＿＿＿

什么时候练习?＿＿＿＿＿＿＿＿＿＿＿＿＿＿＿＿＿＿＿＿＿＿＿

练习中发生了什么?＿＿＿＿＿＿＿＿＿＿＿＿＿＿＿＿＿＿＿＿＿

我表现如何?＿＿＿＿＿＿＿＿＿＿＿＿＿＿＿＿＿＿＿＿＿＿＿＿

"谦虚"活动建议

1. 在教这一技能的时候，注意不要让学生谦虚过度而自我贬低。即便不自夸、不自贬，他们也依然能从积极的角度展现自我。角色扮演展示以下场景（或学生日常生活中的真实场景）中的技能运用：

a. 让每个学生在纸上写下自己的强项和特长（比如学业、运动、音乐或美术才能）。让每个学生练习向其他学生介绍自己的才能，比较谦虚和自夸两种不同的方式。纠正消极的自我评价。

b. 演示某个学生在课上抢着回答老师所有的提问。讨论其他同学会怎么看他。

c. 假装某个学生在做作业时遇到困难，需要帮助。练习提供帮助，对自夸和谦虚两种不同的方式进行比较。

d. 假装某个学生正在谈论他在某方面（比如运动、乐器、学业或家务）遇到过的困难。演示另一位同学可能的反应，比如自夸，"这方面我可比你强多了""我厉害啊，我可以帮你"；或者鼓励支持对方，"嗯，我也遇到过这种情况""要不要我帮你？"

2. 纠正傲慢自大的行为：提醒学生，如果你这样自吹自擂，别人会怎么想。

3. 诱导学生使用技能：你知道学生在某个方面很厉害，所以故意假装在那个方面遇到困难，"单词拼写太难了，我好多都不会！"引导学生提供帮助而不是自我吹嘘。

4. 奖励谦虚的表现。

a. 口头表扬学生的谦虚表现。

b. 用代币、硬币或积分奖励学生表现出的谦虚行为。当她的代币达到约定的数量时，发放特别奖励（零食、贴纸、玩特别的游戏或看特别的节目）。

技能 42

约 会

1. 运用"认识新朋友"或"发起对话"的技能，主动与对方闲聊几句。

a. 想想你和对方有哪些共同点，提出第一个问题，即开场提问。

b. 围绕话题进行进一步的追问（谁、什么、哪里、什么时候、为什么、怎么办）、发表评论。

c. 自我介绍。说："对了，我叫＿＿＿＿＿＿＿。你叫什么名字？"

2. 在提出约会请求之前，主动与对方交谈 1~3 次。

a. 了解你们是否有共同的兴趣爱好。比如，你可以问"你在学什么""你做什么工作""你平时喜欢玩什么"等。

b. 设法探明（间接地）对方有没有交往对象。比如，如果她告诉你平时喜欢做某事，你就可以问："那你都和谁一起做这件事，家人？闺蜜？男朋友？"

c. 设法判断（不要直接问）对方有没有兴趣再和你聊天。线索：她是不是总是找借口离开？她会主动找你聊天吗？

3. 在第二或第三次聊天中，询问对方是否愿意在未来的某个时间和你一起出去玩。

4. 请对方去一个她想去的地方。

去餐馆、电影院、溜冰场、公园或她感兴趣的任何地方。

5. 开车去接对方，或在一个她比较方便的地方碰头。

带一盒糖果或一束花，在见面时给她惊喜。

6. 为餐食、电影或其他消费买单，除非对方坚持自己付账。

7. 在约会过程中，你可以：

a. 恭维对方好看。

b. 询问：对方的兴趣爱好、在哪里长大、在哪里工作或上学、家庭组成（比如有无兄弟姐妹）等。

c. 简单地介绍你自己的兴趣爱好。

"约会"活动建议

1. 此技能的第一部分基本就是"认识新朋友"的重复，因此，"认识新朋友"所用的活动在这里也同样适用。学生还必须明白一点：在提出约会请求之前，至少应该对对方有所了解。和陌生人约会会导致各种问题，有时甚至可能产生法律纠纷。

2. 由于社交技能方面的障碍，很多阿斯伯格学生没有机会遇到合适的交往对象。为此，你可以先与他们讨论谁比较适合交往，列出约会候选人名单。具体可以约谁、不应该约谁，标准可以有：

   a. 在学校里，不宜向教职员工提出约会请求。

   b. 向训练班、兴趣班的同学提出约会请求，成功概率较大，因为相似的经历和相似的兴趣爱好会让你们更有共同语言。

   c. 向已经有交往对象或人见人爱的异性提出约会请求则不大容易成功，因为他们已经不想再结交新的朋友了。

   d. 有时，青少年会通过网聊结交朋友。这种线上的交友方式相对轻松随意，因为你无须立刻做出反应，也不用处理非言语信息。如果你向学生推荐这种方式寻找可能的交往对象，那么务必郑重地警告他们，通过网络认识陌生人会存在哪些风险。如果有任何的网友见面计划，最好让家长做好监督指导。

3. 给学生列出关于约会的禁忌事项，提醒他们不要触犯法律法规。由于对对方发出的各种信号和对约会规则缺乏清晰的认识，很多学生都曾经骚扰或纠缠过他们的心仪对象。明确告知学生，如果对方表示拒绝，他就不可以再三番五次地约对方了。如果对方已经表示没兴趣，他也不应该再到处跟着她或继续给她写情书了。表达"没兴趣"的方式因人而异，有人会直接用语言表示不想约会，也有人会比较委婉地暗示，比如总是找借口避免与他聊天，或一见他就走开。

4. 可能的话，组织年龄相仿的小组学员进行社交聚会，把那些只有女生或只有男生的小组召集到一起。在这样的社交环境下，学生有机会遇到与他们有相同社交困扰并因此而有相同经历的人。比起偌大的校园，这样小而凝聚的社交环境反而可能蕴藏着更多的约会机会。

技能 43

恰当的接触

1.恰当的接触是指用别人希望的方式接触他们,而不恰当的接触则是指让人感觉糟糕的接触。

2.如果你不确定某种接触方式会不会让别人难受,那么在接触之前先问一问。比如,你可以说:"我可以抱你吗?"

3.下面的例子将告诉你与不同的人可以有怎样的接触。其中"?"表示接触前需要先征得对方的许可。即使是"可以"的接触也可能需要先得到许可。

	母亲	朋友	男/女朋友	陌生人
拍肩	可以	可以	可以	?
握手	可以	可以	可以	?
拥抱	可以	?	可以	不可以
亲吻	可以	?	?	不可以
拍臀	不可以	不可以	?	不可以

练 习

我将和谁一起进行这个练习?＿＿＿＿＿＿＿＿＿＿＿＿＿＿＿

什么时候练习?＿＿＿＿＿＿＿＿＿＿＿＿＿＿＿＿＿＿＿＿＿

练习中发生了什么?＿＿＿＿＿＿＿＿＿＿＿＿＿＿＿＿＿＿＿

我表现如何?＿＿＿＿＿＿＿＿＿＿＿＿＿＿＿＿＿＿＿＿＿＿

"恰当的接触"活动建议

1. 因为可能涉及不恰当的接触,所以这个技能的很多部分都不适合进行角色扮演。可以采用有奖竞猜的方式复习并区分恰当与不恰当的接触方式。推荐采用"谁想成为百万富翁"的形式(详见第 4 章)。学生轮流回答问题,判断某种接触是否恰当。下面是一些可以采用的问题:

a. 根据上面技能页表格里的内容,逐一询问与不同对象的不同接触方式是否合理。比如,"你可以和你妈妈握手吗?"对于那些答案不明确的项(表格里用问号标记的),如果学生有好的见解,给予额外的代币奖励。

b. 像上面那样,按照技能页表格里的内容,逐一询问与不同对象的不同接触方式。不同的是,这次考查的是能否问对方可不可以进行某种接触,比如,"你可以问一个陌生人你能不能拍他的屁股吗?"

2. 在理解不同种类的接触时,问问学生,假如他们的某位朋友用不恰当的方式接触他们的母亲、姐妹、兄弟或父亲,你们会有怎样的感受。这种切身的关联往往能让他们更加充分地体会到不恰当接触的潜在受害人的立场。

3. 如果学生频繁地以让人不舒服的方式接触别人,或胁迫他人接受有性意味的接触,那么我们应该将他们转去专业的心理健康咨询机构接受评估,以确定最佳的干预方案。有时,你还需要将这种非正常事件上报给上级儿童保护机构。如果你不太清楚哪些情况需要上报,请咨询当地的儿童保护机构。

技能 44

应对同伴压力

1. 有时，其他孩子会要求你或强迫你做事。你需要判断这种同伴压力是好的还是坏的。

a. 好的同伴压力是指朋友们让你做对你或对他人有益的事。

比如，鼓励你友善待人、完成作业、提高运动或兴趣技能、帮助朋友等。

b. 坏的同伴压力是指朋友们让你做会给你带来麻烦、伤害别人的事，或者他们坚称只有你做了他们让你做的事，他们才做你的朋友。他们可能要求你做的事包括：

（1）捉弄别人。

（2）尝试吸毒或做其他危险的事。

2. 如果是坏的同伴压力：

a. 看着那个人，用坚决的语气说话。

b. 拒绝他的要求。

c. 解释为什么。

d. 走开。

3. 如果你不能确定别人让你做的事是好是坏，向你信任的人征求意见。

练　　习

我将和谁一起进行这个练习？ _____

什么时候练习？ _____

练习中发生了什么？ _____

我表现如何？ _____

"应对同伴压力"活动建议

1. 学生常常分不清同伴施加给他的压力是积极的还是消极的。为了获得归属感，他们会听从指使，去做同伴要求的事，哪怕不确定那件事是否恰当。除了教他们"应对同伴压力"的步骤，老师和家长还必须先解决下列两个问题：

    a. 让学生列一份他所信任的同学和老师的名单。当同伴要求他做某件事、他自己又不确定是否可行的时候，可以向名单里的人咨询意见。

    b. 帮助学生再列一份名单，名单里的人关心他、喜欢他，也不会让他去做危险或伤人伤己的事。跟他解释，这些人才是真正的朋友，而那些让他为了获得小圈子的认可而去冒险、伤人的人，根本不是真正的朋友。

2. 角色扮演呈现或单纯讨论各种场景，分辨好的和坏的同伴压力，以及在不确定怎么办的时候应该去问谁。建议角色扮演呈现或讨论如下场景：

    a. 同伴让学生和他一起去商店偷糖果，还说其他人也这样做。（坏）

    b. 同伴鼓励学生完成作业，这样他就可以出去玩了。（好）

    c. 同伴鼓励学生把作业放到一边，这样他就可以出去玩了。（坏）

    d. 同伴向学生要钱以交换他的友谊。（坏）

    e. 同伴小团体说学生必须粗野、必须与老师作对才算厉害，才能加入他们。（坏）

    f. 同伴鼓励学生坚持练习某项运动技能或某件乐器。（好）

    g. 同伴告诉学生有位朋友想和她约会，认为她应该去约他。（不确定，去问问你信得过的人）

    h. 同伴告诉学生另一位同学很坏，最好不要跟他交朋友。（不确定，去问问你信得过的人）

3. 诱导学生使用技能。故意让学生去做一件有伤害性的事，引导或等待她坚定地拒绝你或去问她信得过的人。**注意：只有当学生明白你是在假装让他们做这件事、是在测试他们的判断力的时候，才可以这么做。**

4. 奖励学生恰当地"应对同伴压力"的行为。

    a. 口头表扬正确或部分正确的处理同伴压力的方式。

    b. 用代币、硬币或积分奖励能恰当地处理同伴压力的学生。当代币达到约定的数量时，发放特别奖励（零食、贴纸、玩特别的游戏或看特别的节目）。

技能 45

应对谣言

1. 有时候，人们会说别人的坏话，而且还是无中生有的（不是真的）。

2. 不要相信关于某个人的坏话和谣言。
   如果你不能确定它是不是真的，可以问问你信任的人，比如老师或家长。如果你不确定它是否会给你带来麻烦，也可以问问你信任的人。

3. 不传谣，不将无中生有的谣言告诉其他人。那样做会让别人很生气。

练 习

我将和谁一起进行这个练习? _____

什么时候练习? _____

练习中发生了什么? _____

我表现如何? _____

"应对谣言"活动建议

1. 阿斯伯格学生常常不知道该不该相信某个谣言,因此需要可信任的朋友或成人给他指点。建议他们想一想哪些同学和老师是可以信任的、能给他有益的建议的,将这些人列入求助名单。

2. 角色扮演呈现或单纯讨论各种不同的谣言情境。可能的话,使用学生生活中遇到的真假莫辨的谣言。在讨论各个情境时,让他们想想,如果被传这种谣言的是他们自己,他们会有怎样的感受,以此来让他们明白不传谣的重要性。

   a. 同伴告诉学生,另一位同学还在使用纸尿裤。

   b. 同伴告诉学生,他们的老师是来自火星的外星人。

   c. 同伴告诉学生,因为老师们要去参加一个特殊的教师大会,所以他们将放假一周。

   d. 同伴告诉学生,老师刚刚说的明天要考试其实是在开玩笑。

   e. 同伴告诉学生,学校明天会发生恐怖袭击。

3. 诱导学生使用技能。先告诉学生,在接下来的几小时内,你会测试他们应对谣言的能力。过一会儿,跟他们说一个假消息,但要确保这个消息不会引起危险。比如,告诉他们明天你要飞去月球。等 30 分钟左右,看他们是把消息告诉别人,还是去向可靠的人确认这种说法的真实性。**注意:只有当学生明白你是在假装、是在测试他们的判断力的时候,才可以这么做。**

4. 奖励学生恰当地"应对谣言"的行为。

   a. 口头表扬学生用正确或部分正确的方式应对谣言,比如在传播"可疑"消息前先向你咨询意见,或完全不传谣。

   b. 用代币、硬币或积分奖励能恰当地应对谣言的学生。当代币达到约定的数量(比如 5 个)时,发放特别奖励(零食、贴纸或玩特别的游戏)。

技能 46

给朋友打电话

问好并自报姓名:"喂,您好,我是_____。"

↓

询问朋友是否在家。"_____在家吗?"

如果朋友在家	如果朋友不在家
说:"嗨,你好!"	说:"那您能帮我带个话吗?"
说明打电话的原因: "我想问你一件事。" "我想问问你想不想一起玩。" "我无聊了,就想跟你说会儿话。"	如果对方说可以,那么告诉他/她你的姓名、电话号码以及你想对朋友说的话。
开始新话题: "那么,你最近还好吗?" "你现在在干吗?" "你_____打算做什么?" "你有没有听说_____?" 使用谁/什么/哪里/什么时候/为什么/怎么样等疑问句式,紧扣话题进行追问或发表看法。	"我是_____,我的电话号码是_____。请转告_____我来过电话。"
当你想挂电话的时候,等对方把话讲完,然后说:"那个,我现在有事得挂了。很高兴跟你聊天。再见。"等对方跟你说再见,然后挂断电话。	说:"谢谢您。再见。"

练 习

我将和谁一起进行这个练习?_____

什么时候练习?_____

练习中发生了什么?_____

我表现如何?_____

"给朋友打电话"活动建议

1. 这一技能的角色扮演可以和"接电话"同时进行。建议角色扮演呈现如下场景：

a. 学生给同学打电话问作业，接着又聊起了近况以及周末计划。

b. 学生给同学打电话，因为她很无聊，想看看朋友在做什么。

c. 学生给朋友打电话问游戏的事。

d. 学生给朋友打电话问游戏的事，但只有他父母在家。

2. 接打电话往往是让学生极度发怵的一件事。打电话的练习可以循序渐进：先练习发送短信息或电子邮件，然后打电话给训练人员（治疗师、老师、家长），再打电话给训练小组的同学，最后打电话给训练小组之外的同学或朋友。

3. 诱导学生使用技能。让学生回去想一想，下次的训练课他们想吃什么零食或想进行什么样的活动，想好以后打电话告诉你。

4. 奖励学生恰当地"给朋友打电话"的行为。

a. 口头表扬正确或部分正确的打电话方式。你可以从奖励发短信、写电子邮件过渡到奖励打电话。

b. 用代币、硬币或积分奖励能用恰当的方式给朋友打电话的学生。当代币达到约定的数量时（比如 5 个时），发放特别奖励（零食、贴纸或玩特别的游戏）。

技能 47

接电话

说"喂!"

↓

问打电话的是谁:"请问您是哪位?"

↓

问清对方来电的意图:"您找哪位?"

找你	要找的人在家	要找的人不在家	推销员
说:"嗨,你好!最近怎么样?"	说:"稍等,我去叫他。"把电话搁在一旁。	说:"他现在不在。需要给他留言吗?"	说:"抱歉,我没兴趣。"
紧扣话题进行追问和评论。	去告诉在家的那个人,_____打电话找他/她。不要隔着房间喊。	说:"稍等,我拿一下纸和笔。"记下对方的姓名、电话号码以及留言内容。	不要对对方透露你或你家人的任何消息。
当你想挂电话的时候,等对方把话讲完,然后说:"那个,我得挂了。跟你聊天很开心。再见。"等对方跟你说再见,然后挂断电话。	把电话递给那个人。	复述一遍留言内容,确认记录准确无误。说:"是这个意思吧?"如果对方说对,那么你说:"好的。再见。"等对方跟你说再见,然后挂断电话。	说:"再见。"然后挂断电话。

练 习

我将和谁一起进行这个练习?_____

什么时候练习?_____

练习中发生了什么?_____

我表现如何?_____

"接电话"活动建议

1. 角色扮演"接电话",可以和"给朋友打电话"同时进行。建议呈现如下场景:

a. 学生接到同学电话,对方是来问作业的。他们接着聊了近况以及周末的打算。

b. 学生接到同学电话,对方因为无聊所以找他聊天。

c. 学生接到朋友电话,对方问他关于电子游戏的事。

d. 学生接到一个大人的电话,对方要找他的父母。重复演示两次,一次假装家长在家,一次假装家长不在家。

2. 接打电话往往是让学生极度发怵的一件事。接电话的练习可以循序渐进:先练习回短信息或电子邮件,然后接训练人员(治疗师、老师、家长)打来的电话,再接训练小组同学的电话,最后接训练小组之外的同学或朋友的电话。

3. 诱导学生使用技能。让学生回家想一想,下次的训练课他们想吃什么零食或想进行什么样的活动。再告诉他们,你会给他们打电话询问答案。

4. 奖励学生恰当地"接电话"行为。

a. 口头表扬正确或部分正确的"接电话"方式。同样可以从奖励回短信、回电子邮件过渡到奖励接电话。

b. 用代币、硬币或积分奖励"接电话"。当代币达到约定的数量时(比如5个时),发放特别奖励(零食、贴纸或玩特别的游戏)。

技能 48

识别情绪
（培养情绪意识）

情绪日志

日期：_____

发生了什么（写一写或画一画）：

我当时的情绪是这样的（写一写或画一画）：

我当时的想法是这样的：

（比如，对别人的想法：他们不是故意的。这是故意的。他们喜欢我。他们不喜欢我。对自己的想法：我没事。我哪里有问题。我成功了。我是个失败者。）

我是这样处理我的情绪的：

（比如，我找朋友谈心去了。我跟烦我的人谈了谈。我向别人求助了。我做了好玩的事，心情好多了。我试着改变我的想法。）

"识别情绪"活动建议

有些学生难以把握别人的面部表情、说话语气以及各种与情绪感受相关的状况,他们尤其需要直接的指导与练习。他们应该好好练习下面这些活动,直到能够比较稳定地识别各种情绪。

1. 在杂志中找出表现快乐、难过、愤怒、害怕等基本情绪的人物图片,将它们剪下来。

a. 给学生看并告诉他们:嘴巴、眼睛和眉毛的形状以及身体的姿势会随着情绪的变化而变化,不同表情和姿势对应着不同的情绪感受。

b. 在教学生识别图片上的情绪线索之后,让他试着找出表现快乐、难过、愤怒和害怕情绪的图片。

c. 在认识了这些比较基础的情绪之后,再试着教一些不那么明显的情绪感受,比如自豪、紧张、愧疚、疑惑、厌恶、惊喜等。

d. 带着学生讨论图片里的人为什么会有那样的情绪感受。

2. 静音播放视频或电视片段,让孩子猜测人物的情绪感受。需要的时候可以按暂停键,仔细观察人物的表情和身体姿势。

a. 一起讨论视频中的人物为什么会有那样的情绪感受。

3. 让孩子对着镜子或通过看自己的视频,观察自己是如何表现不同的情绪感受的。孩子往往都自以为很到位地表现了某种情绪,但其实无论表情还是姿势都差得很远。及时给他们提供反馈,直到他们能准确地表达自己的情绪。

4. 使用"情绪温度计",学习用不同的词汇描述不同等级的情绪。比如快乐,可以从低温端的"还好"或"不错",逐渐上升到高温端的"激动"或"狂喜"。

填写快乐、难过、愤怒、害怕的"情绪温度计"。

5. 玩"数到10"情绪哑谜游戏:

a. 轮流这样:边数到10,边表演各种情绪感受,看其他人能否猜出是哪一种情绪。因为只能数数,所以表演者是不能用说话透露情绪的,猜谜者只能通过非言语信息和声音语气来猜测情绪。

b. 还是这个游戏,但这次要遮挡表演者的脸部,观察者只能通过声音语气来猜测情绪。

（接上页）

6. 打哑谜猜活动：

a. 准备两套卡片，一套写上情绪名词，另一套写上活动名称（打保龄球、吃饭、写字、看电视等）。

b. 每人拿取一张情绪卡和一张活动卡，然后将两者结合，表演带着某种情绪进行某项活动的样子。

c. 观察者必须猜出表演者在做什么、他的情绪状态如何以及他为什么会有这样的情绪感受。

7. 打哑谜找东西：

a. 趁学生不在教室的时候，在教室里藏一个东西（零食、小奖品）。等他们回到教室，让他们通过你的表情指引找出那个东西：如果他们越来越靠近那个东西，你就表现得越来越开心；如果他们越来越远离那个东西，你就越来越难过或生气。

b. 教学生通过看你的表情提示判断物品与他的远近距离，而不是自己乱找一气。

8. 玩桌面游戏，如果学生可以正确识别你在游戏中的情绪和意图，奖励积分或多抛一次色子的机会。

a. 比如，在玩桌面游戏的时候，趁他们不注意，将他们的棋子或其他零件拿走，并表现出气愤或顽皮（快乐）的表情。当他们发现以后，问问他们觉得你是在逗他们玩（快乐的表情）还是在惹他们生气（气愤的表情）。务必让他们看着你的表情做判断，而不是自己随意瞎猜。如果他们能正确判断你的情绪，奖励积分或多抛一次色子的机会。提醒他们，在和别人玩游戏的过程中，遇到这样的情况，一定要分清别人是在跟他们闹着玩还是故意惹他们不高兴。

b. 偶尔地，在你输掉比赛或漏抛一次色子的时候，假装生气。如果学生能识别出你的情绪，额外奖励积分或多抛一次色子的机会。如果他们还能说一些积极的话安慰你，比如"下次肯定比这次好""马上又轮到你了"，另外奖励积分或多抛一次色子的机会。告诉他们，就这么做，识别他人的情绪并尽力安慰，他们就能打赢友谊这场比赛。

9. 帮助学生完成情绪日志，记录是什么让他们产生快乐、愤怒、悲伤、害怕或其他各种情绪感受。这样的情绪日志还可以作为讨论素材，用到小组训练日后的会话环节中去，而且广泛适用于从学龄期到成年的各个年龄阶段。

a. 按照技能页上"情绪日志"的格式记录日志。

b. 将情绪日志的内容作为小组训练"对话时间"的讨论话题。鼓励小组成员对其他学员的日志内容表示同情和理解（见技能58、59"关心他人的感受"）。也鼓励学员相互帮助，大家一起头脑风暴，想办法解决各自在日志中记录的问题。

技能 49

情绪温度计

1. 给几个主要情绪类别贴上标签。

2. 在每个情绪类别下按照从弱到强的顺序写出各种不同的情绪感受。

3. 仿照"快乐"温度计的样子,填写难过、愤怒和害怕在不同程度上的情绪感受。

技能 50

保持冷静

1. 停下来，从 1 默数到 10。

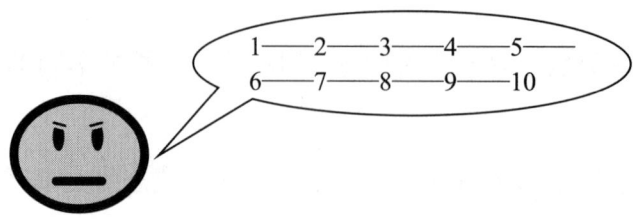

2. 深呼吸 3 次。

3. 对某个人说出你的感受。

4. 找一件有趣的事让自己高兴起来。

打游戏、阅读、画画或玩电脑。

"保持冷静"活动建议

1. 应对愤怒和懊恼情绪有两种方法，一种是在情绪升起后进行安抚，另一种是从源头着手，控制情绪的触发因素，避免情绪的产生。我们要将这两种方法结合起来，既教学生应对已有的不愉快情绪，也教他们应对触发因素从而在源头上避免不愉快情绪的产生。

   a. "保持冷静"技能页上的内容就是学生在已经产生情绪、需要平复心情时可以采用的一套应对程序。

   b. 至于如何应对常见的触发因素从而在源头上避免不愉快情绪的产生，则涉及手册中的其他几项技能，比如"应对错误""输了怎么办""接受别人的拒绝""应对嘲笑""接受批评"等。你必须预见学生什么时候可能会遇到触发因素，提前提醒他们应对的方法。比如，在玩游戏前，你可以说："这个游戏你可能会输，但如果你输了也不生气，就会赢得一个朋友。如果你能处理好这个问题，我也会给你一个奖励。"

2. 角色扮演展示"保持冷静"的步骤。在学生心平气和的时候勤加练习（比如每天练一次），形成习惯或常规，保证他们在生气时能善加利用。建议角色扮演呈现如下场景：

   a. 假装学生无法得到他想要的东西（比如玩具、奖品、特权等）。

   b. 假装学生不得不停下好玩的活动（比如因为要吃晚饭而必须停止玩电脑或看电视）。

   c. 假装学生弄坏了心爱的物件（比如玩具、游戏机、电子设备等）。

   d. 假装学生玩游戏输了。

3. 诱导技能，即做某件需要学生表现如何平复情绪的事。比如，故意拒绝给他某件东西，让他感到沮丧。引导或等待他平复情绪。注意，这种做法只有在学生学过"冷静"技能的情况下才可以使用，并且也不要让他太过沮丧。比如说，如果你不让学生看电视，他不会每次都那么沮丧，就可以把不让看电视用到这个练习中来。当他越来越善于保持冷静之后，再选择那些更容易让他沮丧的情境进行练习。

4. 如果学生因为情绪过于激动而无法正常听课，想办法转移他们的注意力。他们会因为坚持要某件玩具或进行某项活动而发脾气，拒绝让步。想办法用另一项活动转移他们的注意力，同时改变周围的环境（比如把他们带离看得见让他们生气的人或事物的地方）。

5. 奖励学生恰当地"保持冷静"的做法（即在生气时使用技能，或避免生气因而无须使用技能）。

   a. 口头表扬正确或部分正确的保持冷静的方法。

   b. 用代币、硬币或积分奖励每次能保持冷静或没有生气的学生。当代币达到约定的数量（比如5个）时，发放特别奖励（零食、贴纸或玩特别的游戏）。

技能 51

解决问题

1. 保持冷静。告诉自己:"如果我保持冷静,就可以解决这个问题。"

2. 判断问题所在。
 a. 你这么沮丧是因为你不能去做想做的事吗?
 b. 你这么恼火是因为有人对你做了什么事吗?

3. 头脑风暴。想想有哪些可能的解决方案。

4. 想想结果。如果你采用不同的解决方案,分别会有怎样的结果?

5. 选择最佳的解决方案。

练　　习

我将和谁一起进行这个练习?_____

什么时候练习?_____

练习中发生了什么?_____

我表现如何?_____

"解决问题"活动建议

1. 教学生解决问题涉及两个主要步骤。首先，你要让学生在遇到问题时努力保持冷静。只有先保持冷静，才有动力认真解决问题。其次，学生需要明白一点：如果能忍住怒气，他们多少能得到他们想要的东西。下面这些活动有助于强化这一点。

a. 和学生一起回忆愤怒情绪是怎样妨碍他们解决问题的。如果他们有情绪日志，借用其中的事例，也可以从孩子的老师或父母处收集相关事例。向他们指出，愤怒是如何从中作梗，让问题迟迟无法解决的。同时也指出，他们最终是怎样解决问题的。要让他们明白，他们是能够解决问题的，所以一开始就没必要过于恼火。

b. 如果他们没有情绪日志，那么可以带他们回忆并角色扮演呈现如下场景，让他们看到愤怒是如何让问题迟迟无法解决的：

（1）你丢了某件东西，比如缺了一张牌或少了其他游戏部件，一气之下，你把其他部件都砸了。于是问题变得更加复杂，你也没有因此而找到一开始缺了的那件东西。

（2）因为家里有东西要修，父母要在家等维修人员上门，所以你们不能去电子游戏厅了。如果你因此而发脾气，那么你的父母可能会禁止你外出，你就什么都玩不成了。但如果你能保持冷静，父母可能会让你做其他想做的事，或者你还可以建议搭朋友父母的车去游戏厅。（技能62"接受别人的拒绝"中有类似的角色扮演活动。）

（3）你做错了一道题，一怒之下把作业全撕了，这下你要做的事比之前更多了。或者，你做错了一道题，但你保持冷静，向人请教，认真改错，于是你很快完成了作业，现在你可以出去玩了。（技能55"应对错误"中有类似的角色扮演活动。）

2. 角色扮演展示解决问题的步骤时，采用学生个人的真实经历，可以是记忆中的，也可以是日志中的。当然，也可以采用上面提到的那些场景。就我个人经验而言，抽象思维能力较弱的学生学习这种一般性的问题解决方法也会相对困难。但这本手册中还有其他一些技能是专门用来解决比较具体的问题的，比如："应对错误""输了怎么办""做出让步""用积极的方式获取关注""应对家庭问题""接受别人的拒绝""接受批评""维护自己""应对落单""应对作业难题""尝试新事物""应对同伴压力""应对谣言""尊重个人边界""不做'规则警察'"等。

3. 诱导技能，即做某件需要学生解决问题的事。

a. 比如，在玩游戏的过程中，故意拿走学生的游戏材料或故意作弊。提醒他们，如果保持冷静就能解决问题，然后教他们一步步解决问题。他们可以表达自己的感受，坚定地维护自己，也可以学你故意作弊，反过来逗你玩，还可以大方一笑，然后说"还给我"。

b. 具体可能用到哪些技能，参见上面第2条。

4. 当学生开始生气的时候，及时介入，提醒他们保持冷静就能解决问题，引导他们积极地解决问题。

5. 奖励学生恰当地"解决问题"的做法。

a. 口头表扬正确或部分正确的问题解决方式。

b. 每次学生能保持冷静并尝试解决问题时，给予代币、硬币或积分奖励。当代币达到约定的数量（比如5个）时，发放特别奖励（零食、贴纸、玩特别的游戏或看特别的节目）。

技能 52

生气时找人倾诉

1. 将生气、懊恼的情绪倾诉出来，好过将它们发泄出来。发泄情绪可能会带给你麻烦，但说出来则不会。

2. 找一个可以倾诉的人。

3. 问："我可以跟你聊会儿吗？"

4. 如果对方说可以，告诉她你的感受。如果她说不行，那么以后再说，或去找另一个人诉说。

练 习

我将和谁一起进行这个练习？＿＿＿＿＿＿＿＿＿＿＿＿＿＿＿＿＿＿＿

什么时候练习？＿＿＿＿＿＿＿＿＿＿＿＿＿＿＿＿＿＿＿＿＿＿＿＿＿

练习中发生了什么？＿＿＿＿＿＿＿＿＿＿＿＿＿＿＿＿＿＿＿＿＿＿＿

我表现如何？＿＿＿＿＿＿＿＿＿＿＿＿＿＿＿＿＿＿＿＿＿＿＿＿＿＿

"生气时找人倾诉"活动建议

1. 角色扮演展示"倾诉"情绪和"发泄"情绪的步骤。建议角色扮演呈现如下场景：

a. 上学之前你弟弟嘲笑了你，所以到学校的时候你还在生他的气。演示错误的处理方式，即用不当行为"发泄"你的情绪，比如拒绝做作业、拍桌子、用不礼貌的语气对同学和老师说话、嘲笑别人等。演示恰当的处理方式，比如找老师倾诉，告诉她上学前发生了什么。由于你对她说明了你生气的理由，老师也许会让你自己待着画一会儿画，直到你情绪好转。

b. 课间休息时间，没人愿意和你玩。演示正确的处理方式：找一个大人或信得过的朋友，倾诉你的沮丧之情。由于你说出了自己的感受，他们也许会和你一起玩，或者说服其他人和你玩。演示不恰当的处理方式：你发泄你的不满情绪，结果老师批评了你。

c. 如果学生记录了情绪日志，将日志里的内容作为角色扮演的素材。

2. 诱导技能，即做某件需要学生对你倾诉不满情绪的事。

a. 在游戏时间故意作弊、偷拿游戏零部件，引导学生说出他的感受，而不是通过打人、扔东西或其他不恰当行为发泄情绪。

3. 纠正不恰当的行为。教学生如何说出他们的感受。有些学生可能会因为过于生气而胸口发紧，说不出话，那么让他们暂时走开，等情绪恢复以后再开口表达。

4. 奖励"生气时找人倾诉"的做法。

a. 口头表扬正确或部分正确的倾诉不满的方式。

b. 每当学生能说出他们的感受时，给予代币、硬币或积分奖励。当代币达到约定的数量（比如5个）时，发放特别奖励（零食、贴纸、玩特别的游戏或看特别的节目）。

技能 53

应对家庭问题

1. 典型的家庭问题包括：

a. 父母争吵、打架、吼叫或指责。

b. 兄弟姐妹激怒你、惹你或拿你的东西。

c. 由于父母工作、离婚、分居、疾病或死亡而缺少关爱。

2. 应对家庭问题的方法：

a. **好的方法包括**：

（1）**坚定地维护你自己**。用"我"字句告诉对方你的感受，避免冲突升级。

（2）**找另一个成人倾诉**，让这个人去和让你烦恼的人沟通，或帮你找到其他的解决办法。

（3）**忽视**或笑对所有的嘲笑，减少它们对你的不良影响。

（4）**用你的幽默感化解**对方的情绪，让他/她冷静下来。

b. **坏的方法包括**：

（1）**打架**、吼叫、反过来指责对方。这样做会引发更多的问题。

（2）**发泄到别人头上**：嘲笑、指责或伤害别人。

3. 回避或暂时躲开问题的方法：

a. **好的方法包括**：

（1）打电话约朋友一起玩。

（2）躲开众人，待在自己的房间里听音乐、看电视。

（3）出去走走，但告诉他们你要去哪里。

（4）玩其他游戏，暂时忘却问题和烦恼。

b. **坏的方法包括**：

（1）跑开。这样做会导致更多的问题。

（2）试图自残或威胁别人你要自残。这样做也会导致更多的问题。

练 习

我将和谁一起进行这个练习？ _____

什么时候练习？ _____

练习中发生了什么？ _____

我表现如何？ _____

"应对家庭问题"活动建议

1. 这一技能适合从青春期前到成年这一年龄段的学生。虽然你们可以角色扮演展示技能步骤1涉及的任意情形，但如果可以让学生先判断他们可能遇到怎样的问题并制订相应的应对计划，再进行角色扮演，效果会更加明显：

a. 给学生发一张纸，纸上写着3个小标题：问题、应对问题的方法、回避问题的方法。

b. 让学生判断他们现在正面临着怎样的家庭问题，将它们写在"问题"下。

c. 接着，让学生思考可以用技能步骤2"应对家庭问题的方法"中的哪一个积极策略解决他们的问题。让他们将这个方法写到"应对问题的方法"下。

d. 然后，让他们在技能步骤3"回避问题的方法"中找一个对他们有帮助的积极策略。

e. 现在，挑选学生的具体问题以及他们的应对计划，轮流进行角色扮演。

2. 纠正学生在处理问题中出现的不恰当行为，让他们用我们推荐的积极方式处理问题。

3. 奖励学生恰当地"处理家庭问题"的方式。

a. 口头表扬学生正确或部分正确地运用技能页中介绍的积极策略。

b. 用代币、硬币或积分奖励积极处理家庭问题的学生。当代币达到约定的数量（比如5个）时，发放特别奖励（零食、贴纸或玩特别的游戏）。

技能 54

理解愤怒

1. 我们为什么会生气？

触发因素：发生了某件事，比如被嘲笑、输了游戏、犯了错误、没有得到想要的东西、等某事等得太久。

想法：我们怎样理解眼前发生的这件事。比如，如果有人撞了我们，我们可能觉得他是故意的，也可能觉得他是不小心的。

情绪感受：愤怒、快乐、悲伤、害怕。

2. 制订计划，防范各种触发愤怒的因素。

a. 列出可能使你愤怒的各种情境，提前做好准备。

b. 改变你的想法，以积极的方式理解情境。

（1）可能对方的本意是帮你。

（2）可能对方不是故意的。

（3）可能对方只是跟你闹着玩或企图吸引你的注意。

（4）就算犯了错也没关系，错误是很好的学习机会。

（5）你现在做不好的事，如果保持冷静，很可能就能做好。

（6）你在这件事上输了，如果保持冷静，说不定能在另一件事上赢。

（7）运用"20 年"法则：无论什么事，20 年后再看，可能都不值一提。

c. 转移注意力，摆脱触发因素的影响。

（1）离开触发情境。

（2）从 1 数到 10。

（3）深呼吸。

（4）想象愉快的画面。

（5）听音乐、看电视。

（6）玩游戏、画画、阅读。

（7）找好朋友谈心。

（8）避开触发因素。

d. 维护自己。用积极的方式告诉对方你的情绪感受。使用"我"字句：

当你_____（描述对方的行为，不要辱骂对方）的时候，

我觉得_____（情绪感受），

因为_____（解释你为什么会有那样的感受）。

我希望你_____（你希望对方怎样做）。

"理解愤怒"活动建议

1. 由于"理解愤怒"中包含了大量信息,我们可以用有奖竞猜的形式复习相关内容。比较推荐"谁想成为百万富翁"的形式(详见第4章)。学生轮流回答问题,答对者奖励代币。竞猜问题可参考以下内容:

a. 什么是触发因素?

b. 我们的想法与情绪感受有怎样的关系?

c. 怎样通过改变想法来改变你的情绪感受?

d. 如果你犯了错并因此而生气,你可以怎样改变你的想法,让自己不生气?

e. 如果有人嘲笑你,你可以怎么想,让自己不那么生气?

f. 什么是"20年"法则?

g. 当你生气的时候,可以怎样转移自己的注意力?

h. 再说出2种生气时转移注意力的方法。

i. 消极反应、攻击反应和自我维护这三者有何区别?

j. 如果老师指责你作弊,你可以怎样维护自己?

k. 如果体育课上同学拒绝你加入他们的团队,你可以怎样维护自己?

l. 如果父母不让你周末外出,即使你已经完成了作业,你可以怎样维护自己?

2. 当学生开始生气的时候,引导他们运用本项技能的某一种方法,比如改变想法、转移注意力或勇敢地维护自己。

3. 诱导技能。预先告诉学生你会做一些让他们有点生气的事,然后引导他们运用本项技能所涉及的策略。注意,我们的目标不是让他们生气,而是让他们想办法不生气,所以,不要做让他们太生气的事。

4. 奖励用恰当的方式应对愤怒的做法。

a. 口头表扬正确或部分正确的应对愤怒的方式。

b. 用代币、硬币或积分奖励能恰当地应对愤怒的学生。当代币达到约定的数量(比如5个)时,发放特别奖励(零食、贴纸或玩特别的游戏)。

愤怒记录表

日期：_____　　姓名：_____

诱发因素：写一写或画一画，是什么引发了你的愤怒。是别人的嘲笑？你做错了事？玩游戏输了？没有得到想要的东西？还是其他？

让你生气的想法：

情绪感受：我有多生气？

　　几乎不生气　　　　有点生气　　　　很生气　　　　非常生气

改变我的想法：写一写或画一画，应该怎样看待这一情况你才不会生气。

转移注意力的方法：写一写或画一画，怎样才能将心思从扰乱你的事情上转移开。

维护自己或改变情绪的其他方法：写一写或画一画，怎样用"我"字句维护自己，或用其他方法减轻你的愤怒之情。

使用"愤怒记录表"活动建议

1. 技能页上的"理解愤怒"为上课内容,"愤怒记录表"则在独立练习时使用。

2. "愤怒记录表"可以是日志性质,让学生记录愤怒情绪发生时的状况。他们可以自己完成表格的填写,或只填写日期和姓名,然后将它带到训练课(小组、班级、一对一治疗)进行讨论。可以讨论发生了什么,他们是怎么想的,以及将来遇到这样的状况可以如何处理。

技能 55

应对错误

1. 对你自己说:"犯错误不要紧。错误可以帮助我们学习。"

2. 想想怎样做才能从错误中学到经验。

a. 反复尝试,直到改正错误。

b. 寻求帮助。

c. 如果你的错误给他人造成了困扰,向他们道歉。

3. 做出最优的选择。

练　　习

我将和谁一起进行这个练习?＿＿＿＿＿＿＿＿＿＿＿＿＿＿＿＿＿＿＿＿

什么时候练习?＿＿＿＿＿＿＿＿＿＿＿＿＿＿＿＿＿＿＿＿＿＿＿＿＿

练习中发生了什么?＿＿＿＿＿＿＿＿＿＿＿＿＿＿＿＿＿＿＿＿＿＿＿

我表现如何?＿＿＿＿＿＿＿＿＿＿＿＿＿＿＿＿＿＿＿＿＿＿＿＿＿＿

"应对错误"活动建议

1. 学生能不能很好地应对自己的错误，要看你能不能让他们看到：你重视应对错误，甚于重视把事情做完美。

a. 为了强化这一概念，要求学生在本周故意犯一个错误，这样她才有"应对错误"的机会。

b. 对学生的错误表现出热情而不是生气。说："太棒了，你犯了一个错误。这是一个学习的好机会。为了应对这个错误，你应该对自己说什么？"然后，表扬学生能恰当运用"应对错误"的技能。

2. 角色扮演展示"应对错误"的技能步骤。建议呈现如下场景：

a. 假装学生在做回家作业（比如数学、阅读或写作）时犯了一个错误。你检查作业并告诉他有个地方错了，引导他进行改正。

b. 假装学生在做手工（比如剪纸、画画或捏黏土）时犯了一个错误。你检查作品并告诉他有个地方错了，引导他进行改正。

c. 假装学生在体育运动中犯了一个错误（比如没接到球、没击中或没踢到球、跑得不够快）。指出她"出局"或"失误"了，引导她应对失误。

d. 假装学生将别人的东西掉到地上或弄坏了。引导她向对方道歉并应对这一错误。

3. 诱导技能，即做某件需要学生表现如何应对错误的事。比如，让学生在接下来的一周里犯一个错误。故意给她一些有难度的任务，告诉她你在意的不是她能否避免错误，而是她如何应对错误——事实上，你倒很希望她能犯个错误。

4. 奖励学生恰当地"应对错误"的行为。

a. 口头表扬正确或部分正确的应对错误的方式。

b. 每当学生犯错后能加以应对或没有因为犯错而生气时，给予代币、硬币或积分奖励。当代币达到约定的数量（比如5个）时，发放特别奖励（零食、贴纸或玩特别的游戏）。

技能 56

应对作业难题

1. 尽力完成能完成的部分。

2. 实在不能完成时，请求别人的帮助。

3. 要求休息一会儿。

4. 再次尝试。

练 习

我将和谁一起进行这个练习？_____

什么时候练习？_____

练习中发生了什么？_____

我表现如何？_____

"应对作业难题"活动建议

1. 学生拒绝做作业，往往是因为作业实在太难，或者因为长久以来的挫折让他们养成了一种"习得性无助"的态度，觉得自己做不了。除了练习应对作业难题的技能步骤，老师和家长还必须先解决以下两个问题：

a. 如果作业太难，可以在"质"上做出改变，降低作业的难度；也可以在"量"上改变，减少作业的数量。有时，让学生一次完成较少量的作业，再休息一下或发奖鼓励，是让他们开始做作业的好办法。

b. 至于那些"习得性无助"的学生，帮助他们做作业的办法，是培养他们对自己能力的信心。从他们完全能胜任的作业开始，同时给予大量的鼓励和表扬，让他们看到他们是有能力完成作业的。

2. 角色扮演展示"应对作业难题"的步骤。（**注意**：在角色扮演时，提前规定一次可以休息多久、总共可以休息几次。每节课休息一个5分钟是比较合理的。不要允许太多次的休息。但是，如果孩子的情绪特别沮丧，与其看着他发脾气，倒不如让他休息一次为好。）建议角色扮演呈现如下场景：

a. 给学生布置一些中等难度（即她不全会，但会一部分）的作业。

b. 让学生完成一个中等难度（即他不能全部做到，但能做到一部分）的体能活动（比如接球或跳绳）。

3. 诱导技能。故意让学生做某件中等难度的事（即他不能全部做到，但能做到一部分）。引导或等待他尽力尝试、请求帮助或要求休息。

4. 奖励学生恰当地"应对作业难题"（即努力完成作业）。

a. 口头表扬正确或部分正确的应对方式。

b. 当学生在课上能尽力完成作业、用恰当的方式求助或要求休息时，给予代币、硬币或积分奖励。

（1）你可能需要在每节课后或完成每个作业单元后发放代币。学生在做作业时越容易走神，就越需要频繁地发放代币。如果正常发放代币无法让他保持专注，试试再早一点发放代币。

（2）只有在学生尽力完成作业、寻求帮助或休息不超过一次的时候，才能得到代币。如果学生在休息后拒绝回来，那么在余下的时间里将无法再获得代币。

（3）当学生得到的代币达到约定的数量（比如5个）时，发放特别奖励（零食、贴纸或玩特别的游戏）。奖励很重要，它们对学生的吸引力必须大于他们逃避难题的冲动。每个学生都有渴望拥有的东西，花点时间，找到它们。

技能 57

尝试新事物

1. 如果你害怕尝试某种新事物，告诉别人。

"这个我不敢尝试。"

2. 告诉自己："第一次害怕是正常的。试过一次之后，就会感觉好多了。"

第一次害怕是正常的。试过一次之后，就会感觉好多了。

3. 用喜欢的活动安抚自己。

　　看书、听音乐、抱毛绒玩具、玩电脑、想象去你最喜欢的地方。

4. 观察别人怎么做。

5. 尝试去做。

练　　习

我将和谁一起进行这个练习？ _____

什么时候练习？ _____

练习中发生了什么？ _____

我表现如何？ _____

"尝试新事物"活动建议

1. 学生对新事物总是疑虑重重，一方面是因为受到以往负面经验的影响，另一方面也可能是新环境的规则不够明确，让他们无所适从。在练习或角色扮演展示技能的过程中，在让他们接触新素材的时候，一定要循序渐进。尤其一开始的时候，变化不要太大，尽量不要让他们产生畏难情绪。

  a. 一种训练方法，是将学生熟悉的游戏翻出新花样。学生轮流提意见，改变原来的游戏规则，直到它变成一个完全不同的游戏。这一活动不仅能练习应对新事物的能力，也能锻炼协商与创新的能力。

  b. 练习尝试做未做过的作业。同样需要循序渐进，先尝试稍微有些不同的题目，再引入较为新颖的题目。

  c. 通过视频、图片或别人的现身说法，说服孩子去新的地方。新学校、新的课外兴趣班、从未去过的度假地等，都可以循序渐进地推荐给孩子：先给孩子看相关的图片、视频，再给他讲一讲，然后去现场观察一番但不停留，之后再比较积极地参与那里的活动。

2. 诱导技能。建议走新路线去某个地方，用新方法玩熟悉的游戏，尝试新的食物，等等。必要的话，引导学生完成所有的技能步骤。

3. 奖励学生恰当地"尝试新事物"的做法。

  a. 口头表扬正确或部分正确的"尝新"努力。

  b. 如果学生能尝试新事物，哪怕浅尝辄止（比如旁观但不加入），给予代币、硬币或积分奖励。逐渐提高要求，学生需要做越来越深入的尝试才能得到代币或其他奖励。

技能 58

关心他人的感受
（学前—小学）

1. 观察他人是否有不开心的迹象。

2. 问："你没事吧？"

3. 问对方是否需要帮助。

4. 如果需要，提供帮助。

练　习

我将和谁一起进行这个练习？_____

什么时候练习？_____

练习中发生了什么？_____

我表现如何？_____

"关心他人的感受"活动建议
（学前—小学）

1. 角色扮演展示"关心他人的感受"的各个步骤。建议角色扮演呈现如下场景：

a. 假装某人摔倒受伤了，需要有人扶他起来。

b. 假装某人丢了东西很不开心，需要有人帮他一起找。

c. 假装某人做作业遇到困难，看起来很沮丧。主动提供帮助。

d. 假装某人没有玩到某个游戏。主动提供帮助，陪她玩其他游戏。

2. 诱导技能，即做某件需要学生关心他人感受的事。比如，故意装成不开心的样子，假装跌倒或丢了东西，引导或等待学生来关心你并提供帮助。

3. 纠正不恰当的关心方式，比如在他人没有明显不开心的时候表示关心，或者在他人不需要帮助的时候过于热心地提供帮助。

4. 奖励学生恰当地"关心他人的感受"的行为。

a. 口头表扬正确或部分正确的关心行为。

b. 用代币、硬币或积分奖励学生每一次对他人的关心。当代币达到约定的数量（比如 5 个）时，发放特别奖励（零食、贴纸或玩特别的游戏）。

技能 59

关心他人的感受
（青春期前—成人）

1. 观察他人是否有不开心的迹象。

2. 想想你可以做哪些事。

a. 询问对方要不要紧。

b. 询问怎么回事。

c. 与对方分享你的类似经历。说:"我理解你的感受,因为我也经历过……"

d. 肯定对方的感受。说:"遇到这样的事,你确实不好受。"

e. 驳斥对方的消极想法。比如,如果对方觉得自己长得丑,你就说:"你不丑。"如果她认为她的问题永远不会好转,你就说:"我相信很快就会好转的。"

f. 问对方是否愿意暂且抛开问题,去做点好玩的事。

g. 问对方是否需要你的帮助。

3. 不要笑话或戏弄对方。

练　　习

我将和谁一起进行这个练习?＿＿＿＿＿＿＿＿＿＿＿＿＿＿＿＿

什么时候练习?＿＿＿＿＿＿＿＿＿＿＿＿＿＿＿＿＿＿＿＿＿＿

练习中发生了什么?＿＿＿＿＿＿＿＿＿＿＿＿＿＿＿＿＿＿＿＿

我表现如何?＿＿＿＿＿＿＿＿＿＿＿＿＿＿＿＿＿＿＿＿＿＿＿

"关心他人的感受"活动建议

（青春期前—成人）

1. 角色扮演展示"关心他人的感受"的各个步骤。建议角色扮演呈现如下场景：

a. 假装某人摔倒受伤了，需要有人扶他起来。

b. 假装某人丢了东西很不开心，需要有人帮他一起找。

c. 假装某人做作业遇到困难，看起来很沮丧。主动提供帮助。

d. 假装某人没有玩到某个游戏。主动提供帮助，陪她玩其他游戏。

2. 练习这一技能的另一个好方法，是被我称为"让我开心"的小游戏。学生轮流表演让他们不开心的场景（参见下面的例子或使用学生亲身体验过的事例），其他人则猜测是怎么回事。这个部分很像猜哑谜，可以禁止表演者说话，也可以允许其说话。一旦有学生猜出来怎么回事，大家就开始轮流献计献策：遇到这种情况，怎样才能让这位同学开心起来。他们可以活用技能页上列举的关心他人的方法。下面是一些可以用来表演的例子，以及其他人可以表示关心和支持的做法：

a. 某位同学考试不及格。（"我知道你现在的感受，我都不及格好几次了。""说不定你下次就考得很好。""这次的题出得根本不合理。""下次要不要我辅导你？"）

b. 在校园舞会上，没有人愿意和某位同学一起跳舞。（"我也总是找不到合适的舞伴。""你跳得那么好，不和你跳是他们的损失。""别和他们跳舞了，我们玩个游戏吧。"）

c. 某人被嘲笑长得丑。（"你不丑。""我有时也被人嘲笑。别听他们瞎说。"）

d. 某人的家长生了重病。（"听到这个消息我很难受。有什么需要我帮忙的吗？""我认识一个人，他也得过这个病，后来完全治好了。""要不我们暂时先不想这事了，玩点好玩的开心一下？"）

3. 诱导技能，即让学生做某件需要关心他人感受的事。比如，故意装成不开心的样子，假装跌倒或丢了东西，引导或等待学生来关心你并提供帮助。

4. 纠正不恰当的关心方式，比如在他人没有明显不开心的时候表示关心，或者在他人不需要帮助的时候过于热心地提供帮助。

5. 奖励学生恰当地"关心他人的感受"的行为。

a. 口头表扬正确或部分正确的关心他人的行为。

b. 用代币、硬币或积分奖励学生每一次对他人的关心。当代币达到约定的数量（比如5个）时，发放特别奖励（零食、贴纸或玩特别的游戏）。

技能 60

安慰朋友

1. 观察朋友是否有不开心的迹象。

2. 问:"你没事吧?""发生了什么?"

3. 问:"需要我安慰你吗?"

4. 如果对方说需要,想想你可以用哪些方法安慰她:
a. 讲笑话或做鬼脸逗她笑。
b. 请她玩游戏或做有趣的事。
c. 说一些鼓励的话,比如"会好的"或"我帮你"。

练　　习

我将和谁一起进行这个练习? _____

什么时候练习? _____

练习中发生了什么? _____

我表现如何? _____

"安慰朋友"活动建议

1. 这一技能实际上是上个技能"关心他人的感受"的一部分。因此，上个技能适用的所有情境都可以用到这个技能的角色扮演中。比如：

   a. 假装某人摔倒受伤了，需要有人扶他起来。

   b. 假装某人丢了东西很不开心，需要有人帮他一起找。

   c. 假装某人做作业遇到困难，看起来很沮丧。

   d. 假装某人没有玩到某个游戏，很难过。

2. 对于 10 岁以上的孩子，练习这一技能的另一个好方法，是被我称为"让我开心"的小游戏。学生轮流表演让他们不开心的场景（参见下面的例子或使用学生亲身体验过的事例），其他人则猜测是怎么回事。这个部分很像猜哑谜，可以禁止表演者说话，也可以允许其说话。一旦有学生猜出是什么情况，大家就开始轮流献计献策：遇到这种情况，怎样才能让这位同学变开心。他们可以活用技能页上列举的关心他人的方法。下面是一些可以用来表演的例子以及大家可以表示关心和支持的做法：

   a. 某位同学考试不及格。（"我知道你现在的感受，我都不及格好几次了。""说不定你下次就考得很好。""这次的题出得根本不合理。""下次要不要我辅导你？"）

   b. 在校园舞会上，没有人愿意和某位同学一起跳舞。（"我也总是找不到合适的舞伴。""你跳得那么好，不和你跳是他们的损失。""别和他们跳舞了，我们玩个游戏吧。"）

   c. 某人被嘲笑长得丑。（"你不丑。""我有时也被人嘲笑。别听他们瞎说。"）

   d. 某人的家长生了重病。（"听到这个消息我很难受。有什么需要我帮忙的吗？""我认识一个人，他也得过这个病，后来完全治好了。""要不我们暂时先不想这事了，玩点好玩的开心一下？"）

3. 诱导技能，即让学生做某件需要安慰别人的事。比如，故意装成不开心的样子，假装跌倒或丢了东西，引导或等待学生问你是否需要安慰。

4. 奖励学生恰当地"安慰朋友"。

   a. 口头表扬正确或部分正确的安慰。

   b. 用代币、硬币或积分奖励学生每一次对他人的安慰。当代币达到约定的数量（比如 5 个）时，发放特别奖励（零食、贴纸或玩特别的游戏）。

技能 61

维护自己

1. "维护自己"是指在不伤害别人的前提下设法获得你想要的东西。

2. 判断你是否需要维护自己：
   a. 有人要你做危险或让你感觉糟糕的事。
   b. 你希望或需要某人做某事。

3. 坚定自信地对别人说出你希望的事。
   a. 使用坚定而友好的语气，保持目光接触，展现良好的姿态。
   b. 使用"我"字句表明态度：

   当你＿＿＿＿＿＿＿＿＿＿＿＿的时候，

   我觉得＿＿＿＿＿＿＿＿＿＿，

   因为＿＿＿＿＿＿＿＿＿＿。

   我希望你＿＿＿＿＿＿＿＿＿＿。

练　习

我将和谁一起进行这个练习？＿＿＿＿＿＿＿＿＿＿＿＿＿＿＿＿

什么时候练习？＿＿＿＿＿＿＿＿＿＿＿＿＿＿＿＿＿＿＿＿＿＿

练习中发生了什么？＿＿＿＿＿＿＿＿＿＿＿＿＿＿＿＿＿＿＿＿

我表现如何？＿＿＿＿＿＿＿＿＿＿＿＿＿＿＿＿＿＿＿＿＿＿＿

"维护自己"活动建议

1. 角色扮演展示"维护自己"的各个步骤。建议角色扮演呈现如下场景：

a. 假装有人总是撞你。

b. 假装有人借了你的钱，但没有按承诺归还。

c. 假装有人让你玩你不喜欢玩的游戏。

d. 假装你们正在做小组作业，但没人听你讲你的想法。

e. 假装有人借走了你的铅笔，现在你需要要回来。

f. 假装老师或家长给所有孩子都发了饼干，除了你。

2. 诱导技能，即引导学生做某件需要维护自己的事：

a. 在他们需要书包的时候拿走他们的书包。

b. 给所有孩子都发零食或让他们参加喜欢的活动，除了某一位学生，直到她坚定地表达和维护自己。

3. 当学生用不恰当的方式表达他们的沮丧情绪，比如出现攻击性反应或被动反应时，纠正他们。让他们坚定自信地表达自己的诉求。

4. 奖励学生恰当地"维护自己"的做法。

a. 口头表扬正确或部分正确的自我维护方式的做法。

b. 用代币、硬币或积分奖励学生每一次的自我维护。当代币达到约定的数量（比如5个）时，发放特别奖励（零食、贴纸或玩特别的游戏）。

技能 62

接受别人的拒绝

1. 有时候，家长和老师会拒绝你的要求，对你说"不"。

2. 回答说"好的"，不要生气。

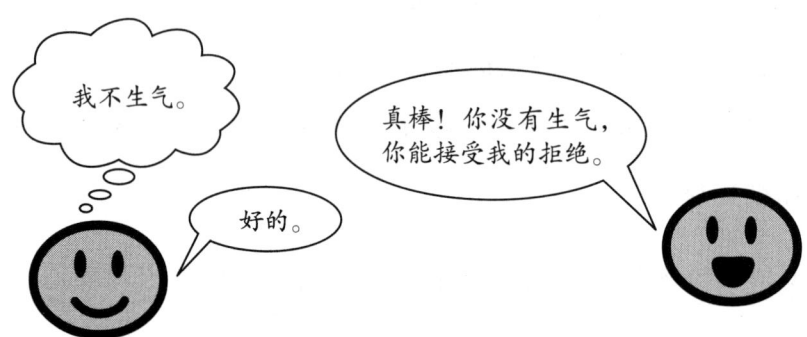

3. 如果你接受别人的拒绝，别人会很开心，他们可能会在之后满足你的要求。

过了一会儿……

练 习

我将和谁一起进行这个练习？_____

什么时候练习？_____

练习中发生了什么？_____

我表现如何？_____

"接受别人的拒绝"活动建议

1. 学生能否接受拒绝，要看你能否让他们看到接受拒绝可能带给他们的好处。

a. 为了帮助学生转变观念，提醒他们，接受别人的拒绝、耐心等待，可以换来奖励和实现愿望的机会。比如，如果他们能接受你的拒绝，你将在之后（比如1分钟/小时/天/周后，具体要看学生能等待多久）双倍奉上他们想要的东西，或奉上其他东西作为替代。

b. 随着学生等待能力的不断提升，逐渐延长发放奖励的时间；最终，取消所有外部奖励，只进行口头表扬。

2. 角色扮演展示"接受别人的拒绝"的各个步骤。建议角色扮演呈现如下场景：

a. 假装学生在学校需要削铅笔或喝水。作为老师，你对他说："不，现在不行。"如果学生接受你的拒绝，你说："好吧，再等会儿你就可以去了。而且你能接受我的拒绝，所以我还要给你一个奖励。"

b. 假装学生要求家长带他去公园、去看电影或去朋友家。作为家长，你说："不，现在不行。"如果学生能够接受拒绝，你说："好吧，那么等会儿你就可以去了。而且你能接受我的拒绝，所以我还要给你一个奖励。"

c. 假装学生想买很贵的玩具、游戏、鞋子或衣服，你说："不行，不买那个。"如果孩子接受，你再说："好吧，你可以买另一个你想要的东西，而且你能接受我的拒绝，所以我还要给你一个奖励。"

3. 诱导技能，即做某件需要学生接受拒绝的事。比如，跟他说你要考验他一下，然后把他喜欢吃的食物、游戏或玩具放到他面前，等他开口问你要。然后你说："不，不能给你。"如果孩子接受，再说："真棒，你能接受我的拒绝，所以现在可以给你了。"

4. 奖励学生恰当地"接受别人的拒绝"。

a. 口头表扬正确或部分正确的接受拒绝的方式。

b. 每当学生能接受别人的拒绝时，给予代币、硬币或积分奖励。当代币达到约定的数量时，发放特别奖励（零食、贴纸、玩特别的游戏或看特别的节目）。

技能 63

应对嘲笑
（学前—四年级）

1. 让对方停止嘲笑。

2. 让对方知道你不在乎他们说什么。

3. 不理对方或直接走开。

4. 告诉大人。

练　　习

我将和谁一起进行这个练习？＿＿＿＿＿＿＿＿＿＿＿＿＿＿＿＿

什么时候练习？＿＿＿＿＿＿＿＿＿＿＿＿＿＿＿＿＿＿＿＿＿＿

练习中发生了什么？＿＿＿＿＿＿＿＿＿＿＿＿＿＿＿＿＿＿＿＿

我表现如何？＿＿＿＿＿＿＿＿＿＿＿＿＿＿＿＿＿＿＿＿＿＿＿

"应对嘲笑"活动建议

1. 应对嘲笑要从两方面努力，被嘲笑的学生以及嘲笑别人的学生都要接受训练。如果同伴没有接受过敏感性训练，对于个别学生的接受度不够，那么即使学生学会了应对嘲笑的所有正确方式，也无法改变被人嘲笑的局面。可以在同伴不嘲笑别人而用积极方式与人相处时给予奖励。本项技能仅限于教被嘲笑的学生如何应对嘲笑。

鼓励学生勇敢直面嘲笑她的人而不是报告老师。"报告老师"应该是在其他方法都失效的情况下采用的最后一招，除非她受到了人身威胁——如果受到人身威胁，应该第一时间告诉大人。

2. 角色扮演展示"应对嘲笑"的各个步骤。（注意：**除非学生同意进行这样的练习，否则不要随意嘲笑她。至于在练习中你们可以嘲笑她哪一点，也必须完全经过她本人的同意。不要让其他同学来决定嘲笑她哪一点，因为这样有伤她的自尊。**）建议角色扮演呈现如下场景：

a. 最好的场景是模拟学生的亲身经历。问问学生曾经被人嘲笑过什么，然后进行有针对性的练习。

b. 如果学生不是很愿意讨论自己受过的嘲笑，那么练习时要注意分寸，可以说"我不喜欢你的运动鞋/帽子/衬衫"之类攻击性较弱的话，避免评论他们的个性、体形或行为。

3. 让学生填写"应对嘲笑还可以怎么说"技能页最后的空白部分，让他们想出独属于自己的应对方式。

4. 奖励学生恰当地"应对嘲笑"。

a. 口头表扬正确或部分正确的"应对嘲笑"的方式。

b. 每次当学生能应对嘲笑，或被嘲笑而没有生气时，给予代币、硬币或积分奖励。当代币达到约定的数量（比如5个）时，发放特别奖励（零食、贴纸或玩特别的游戏）。

技能 64

应对嘲笑
（五年级及以上）

1. 想想对方为什么嘲笑你。

a. 只是在跟你闹着玩？还是在求取关注？

b. 是出于一种自愧不如的嫉妒心理？

c. 是出于恶意？问问对方是在开玩笑还是认真的。

2. 尽量不生气、不难过。告诉自己："他们说什么不重要。重要的是我自己怎么想、我的朋友怎么想。"

3. 想想你可以怎么办。

a. 制止对方。

b. 直接走开或不予理睬。"我听不见。"

c. 恭维对方。"你这么好的人是不会嘲笑我的。"

d. 把它当笑话来看。"嗯，这个笑话真不错。"

e. 如果是人身威胁，比如对方威胁说要伤害你，告诉大人。

f. 如果别的孩子合起伙来欺负你，对他们说："为什么你们需要这么多人对付我一个？一个人搞不定吗？"

g. 用玩笑的口吻反过来打趣对方，不至于引起打斗的那种。

4. 不要反过来刻薄别人或攻击对方的缺陷，那样很容易引起打斗。

练 习

我将和谁一起进行这个练习？＿＿＿＿＿＿＿＿＿＿＿＿＿＿＿＿＿＿＿

什么时候练习？＿＿＿＿＿＿＿＿＿＿＿＿＿＿＿＿＿＿＿＿＿＿＿＿＿

练习中发生了什么？＿＿＿＿＿＿＿＿＿＿＿＿＿＿＿＿＿＿＿＿＿＿＿

我表现如何？＿＿＿＿＿＿＿＿＿＿＿＿＿＿＿＿＿＿＿＿＿＿＿＿＿＿

技能 65

应对嘲笑还可以怎么说

制止
"停下！"
"住口！我不是开玩笑。"
"别说了！"

忽略
忽略（不看或不听）
"有人在说话吗？"
"啊？什么？什么？"
"懒得理你！"

回敬
"呵呵，那又怎样？"
"我管你说什么呢。"
"我干什么不好，要听你说这些。"
"幼稚。"
"真够成熟的。"
"彼此彼此。"
"靠踩低别人来找优越感，真可悲。"

告诉大人
当他们威胁你或伤害你的时候，勇敢报告给大人。

被围攻时
"你们需要这么多人合起来伤害一个人的感情吗？"

你还想怎么说？

_____

_____

_____

技能 66

应对落单

1. 想想你之所以落单，可能有哪些原因。

2. 如果是因为大家都不知道你想加入他们，那就对他们说你想加入。

3. 如果是因为别人不想让你加入，那么：

   a. 不要让这些人影响你对自己的看法。有些人仅凭一点先入为主的印象就开始排斥你，实际上他们根本还不了解你。

   b. 去找其他更愿意让你加入活动的人。

   c. 如果没有人愿意跟你玩，去找大人帮助你。

4. 做你自己喜欢做的事。

练 习

我将和谁一起进行这个练习？ _____

什么时候练习？ _____

练习中发生了什么？ _____

我表现如何？ _____

"应对落单"活动建议

1. 让孩子不落单在很大程度上是周围成人（比如老师和家长）的责任。我们必须给学生创造社交的机会，包括对其同伴进行敏感性训练，让他们意识到学生的需要，并鼓励他们主动邀请学生加入他们的活动（见第9章"敏感性训练"）。当然，我们也可以把"应对落单"的方法教给学生。

2. 角色扮演展示"应对落单"的方法步骤。建议角色扮演呈现如下场景：

a. 假装一群学生在进行课间活动，而一位学生独自坐着。先演示她想加入但什么也不说，然后告诉她这就是她落单的原因。再次进行角色扮演，这一次，她尝试加入但被拒绝了。让她在心里做积极的自我开导（"他们怎么想不重要"），然后去找其他人玩。如果还是找不到，那么练习去找大人，让大人帮她找一个游戏伙伴。

b. 按照上面的方法进行角色扮演，但这次是假装你要完成一个小组作业，需要找一个作业伙伴或加入某一个作业小组。

3. 让学生列两个名单，一个是很有可能让他们加入活动的同学名单，另一个是可以帮助他们的成人的名单，在他们想加入或必须加入某个活动但被拒绝的时候，可以寻求这些成人的帮助。

4. 诱导技能。告诉学生你将考验他们应对落单的能力。带小组或班级同学开始活动，但把某个学生排除在外，希望他能主动开口要求加入。

5. 纠正不恰当的应对落单的方式，比如消极应对，什么都不做；或者相反，对别人做出攻击性反应。鼓励学生提出加入请求，请求不成就去找别人玩，如果找不到别人就去请成人帮助。

6. 奖励学生恰当地"应对落单"的行为。

a. 口头表扬正确或部分正确的应对落单的方式（比如要求加入、去找别人玩、请成人帮助）。

b. 每当学生能有效应对落单问题时，给予代币、硬币或积分奖励。当代币达到约定的数量（比如5个）时，发放特别奖励（零食、贴纸或玩特别的游戏）。

技能 67

避免被"陷害"
（另见"应对同伴压力"）

1. 有时，其他孩子会要求你或强迫你做事，你需要判断这件事是好还是坏。

a. 好的同伴压力是指别人让你做对你或对他人有益的事，比如：鼓励你友善待人、完成作业、提高运动或兴趣技能、帮助朋友等。

b. 坏的同伴压力是指别人让你做会给你带来麻烦、伤害别人的事，或者他们坚持说只有你做了他们让你做的事，他们才做你的朋友，比如：

（1）捉弄别人。

（2）尝试吸毒或做其他危险的事。

2. 如果你知道那是坏的同伴压力：

a. 看着那个人，用坚决的语气表示拒绝。

b. 解释为什么。

c. 走开。

3. "陷害"是指某个人假装帮助你，实际上却是让你做对你有害的事。如果你不能确定别人让你做的事是好是坏，向你信任的人征求意见。

练　习

我将和谁一起进行这个练习？＿＿＿＿＿＿＿＿＿＿＿＿＿＿＿＿＿

什么时候练习？＿＿＿＿＿＿＿＿＿＿＿＿＿＿＿＿＿＿＿＿＿＿＿

练习中发生了什么？＿＿＿＿＿＿＿＿＿＿＿＿＿＿＿＿＿＿＿＿＿

我表现如何？＿＿＿＿＿＿＿＿＿＿＿＿＿＿＿＿＿＿＿＿＿＿＿＿

"避免被陷害"活动建议

1. 这一技能涉及"应对同伴压力"的全部步骤，并在此基础上解释了什么是"陷害"。因此，"应对同伴压力"中的所有活动都可以运用到这一技能的训练中。学生常常分不清同伴施加给他的压力是积极的还是消极的，为获得想要的归属感，他们会听从指使去做同伴要求的事，哪怕并不明确那件事的合理性。除了教他们"应对同伴压力"的技能步骤，老师和家长还必须先解决以下两个问题：

   a. 让学生列一份他所信任的同学和老师的名单。当同伴要求他做某件事、他自己又不确定是否可行的时候，可以向名单里的人咨询意见。

   b. 帮助学生再列一份名单，名单里的人关心他、喜欢他，也不会让他去做危险或伤人伤己的事。跟他解释，这些人才是真正的朋友，而那些让他为了获得小圈子的认可而去冒险、伤人的人，根本不是真正的朋友。

2. 角色扮演呈现或讨论各种场景，判断其中的同伴压力是好是坏，以及在不确定是否要做某事的时候应该去问谁。建议角色扮演呈现或讨论如下场景：

   a. 同伴让学生一起去商店偷糖果，还说其他人也这样做。（坏）

   b. 同伴鼓励学生完成作业，这样他就可以出去玩了。（好）

   c. 同伴鼓励学生把作业放到一边，这样他就可以出去玩了。（坏）

   d. 同伴向学生要钱以交换他的友谊。（坏）

   e. 同伴小团体对学生说必须粗野、与老师作对才算厉害，才能加入他们。（坏）

   f. 同伴鼓励学生坚持练习某项运动技能或某件乐器。（好）

   g. 同伴告诉学生有位朋友想和她约会，认为学生应该去约他。（不确定，去问问信得过的人）

   h. 同伴告诉学生另一个同学很坏，最好不要跟他交朋友。（不确定，去问问信得过的人）

3. 诱导技能。故意让学生去做一件有伤害性的事，引导或等待她坚定地拒绝你或去问她信得过的人。**注意：只有当学生明白你是在假装让他们做这件事、是在测试他们的判断力的时候，才可以这么做。**

4. 奖励学生恰当地"避免被陷害"。

   a. 当学生能先征求别人的意见再决定是否去做某件事从而避免被人"陷害"时，给予口头表扬。

   b. 当学生能先征求别人的意见再决定是否去做某件事从而避免被人"陷害"时，给予代币、硬币或积分奖励。当代币达到约定的数量（比如5个）时，发放特别奖励（零食、贴纸或玩特别的游戏）。

技能 68

用积极的方式提出批评

1. 没有人喜欢被批评。

2. 如果对方能够改变他正在做的事，你就说：

a."我可以提个建议吗？"
如果他说可以，那么用友好的方式告诉他你希望他怎么做。

我可以提个建议吗？你为什么要那么做，而不这么做呢？

b. 用"我"字句表达不满：

当你＿＿＿＿＿＿＿＿＿＿＿＿的时候，

我觉得＿＿＿＿＿＿＿＿＿＿＿，

因为＿＿＿＿＿＿＿＿＿＿。

3. 如果对方**不能**改变他正在做的事，你就什么都别说。**如果你不能提供任何积极的意见，也什么都别说。**

尽量视而不见，转移自己的注意力，或者提一个与对方无关的解决方案。

练　　习

我将和谁一起进行这个练习？＿＿＿＿＿＿＿＿＿＿＿＿＿＿＿

什么时候练习？＿＿＿＿＿＿＿＿＿＿＿＿＿＿＿＿＿＿＿＿＿

练习中发生了什么？＿＿＿＿＿＿＿＿＿＿＿＿＿＿＿＿＿＿＿

我表现如何？＿＿＿＿＿＿＿＿＿＿＿＿＿＿＿＿＿＿＿＿＿＿

"用积极的方式提出批评"活动建议

1. 角色扮演展现或讨论什么情况下可以给别人提批评意见，什么情况下不适合。尽可能使用真实发生过的场景。其他场景建议如下：

a. 在课上，老师让某位同学大声朗读课文。该同学读得很慢，另一位同学就开始不耐烦。角色扮演另一位同学应该怎么做（比如什么都不说，但如果实在等不及，可以自己默默往下读）。

b. 全班去参观博物馆，因为其中有一位坐轮椅的同学，所以大家的参观速度特别慢，于是有一位同学开始对坐轮椅的同学产生不满。角色扮演这位同学可以做什么、不应该做什么（比如，不去批评，但或许可以问问老师，他能否跟另一位老师先走，之后再和大家会合）。

c. 两位同学在聊天，其中一位总是在另一位同学说话的时候插嘴。角色扮演被插嘴的那位同学应该怎么做（比如，用"我"字句对插嘴行为表达不满）。

d. 一位同学朝另一位同学扔铅笔。角色扮演另一位同学应该如何说、如何做。在这种情况下，可以用"我"字句提出积极的批评意见。

2. 诱导技能。做某件你能够改变的事（比如在学生说话时不停地插嘴），或你无法改变的事（比如让他们和你一起走去公园，但你腿脚有伤只能慢慢走）。引导他们对你可以改变的事使用"我"字句表达不满，对你不能改变的事尽量保持沉默、不做批评。

3. 奖励恰当的批评或不批评行为。

a. 口头表扬学生能在对方能够改变行为时，使用"我"字句表达不满，在对方无法改变行为时，不作批评。

b. 用代币、硬币或积分奖励学生在对方能够改变行为时使用"我"字句表达不满，在对方无法改变行为时不做批评。当代币达到约定的数量（比如5个）时，发放特别奖励（零食、贴纸或玩特别的游戏）。

技能 69

接受批评

1. 停下来，提醒自己保持冷静。如果你生气，会显得你完美主义。但没有人是完美的，所有人都会犯错，错误能使我们成长。

2. 判断别人的批评是**建设性**的，还是**伤害性**的。
a. **建设性**的批评会指出你的错误，但重点是告诉你怎样改进。
b. **伤害性**的批评只指出错误，对于如何改进不提供任何意见。

3. 如果是建设性的批评，说："好的，我考虑考虑。"

4. 如果别人让你改正错题，不要争辩，马上改正，这样你很快就能去玩或休息了。

5. 如果是伤害性的批评，与嘲笑同样处理，尽量置之不理。

练 习

我将和谁一起进行这个练习？_____

什么时候练习？_____

练习中发生了什么？_____

我表现如何？_____

"接受批评"活动建议

1. 角色扮演呈现或讨论学生应该接受批评或指正的场景。使用真实发生的场景或以下场景：

    a. 别人让学生不要插嘴，这样他和同学们都可以继续专心学习。

    b. 别人让学生不要咬指甲，以免感染。

    c. 别人让学生改正作业后再去操场玩。如果她争辩，就会延迟去操场的时间。

    d. 别人说学生画画太差。这是一种冒犯，置之不理或用应对嘲笑的办法来应对它（见技能63、64"应对嘲笑"）。

2. 诱导技能。让学生改正行为或改正作业。问问他们，觉得这个要求对他们有利还是有害。解释为什么接受批评可能对他们有利。

3. 纠正对批评的不恰当反应。还是那样，问问学生，他们觉得批评对他们有利还是有害。解释为什么接受批评可能对他们有利。

4. 奖励恰当地"接受批评"的行为。

    a. 口头表扬学生能"接受批评"。

    b. 用代币、硬币或积分奖励能"接受批评"的学生。当代币达到约定的数量（比如5个）时，发放特别奖励（零食、贴纸或玩特别的游戏）。

技能 70

保持尊重的态度

要这样做	不要这样做
尊重个人距离：与人保持一臂的距离。	不要触摸任何人。不要走进别人的一臂之内。
使用"请求"式语句： "我可以……吗？" "我能……吗？" "麻烦你……" "如果我……你不介意吧？"	不要使用"要求"式语句： "马上做！" "我不准……" "你应该……"
使用"请求"语气。	不要使用"要求"语气。
顾及他人的需要，做适当的让步。	不要强求一切都按照你的意思来。
在碰触别人的东西前，先征求对方的同意。	不要不经同意随意碰触别人的东西。
当心里有不满时，找人说一说。	不要用不尊重的语气或言辞发泄你的不满情绪。

练 习

我将和谁一起进行这个练习？_____

什么时候练习？_____

练习中发生了什么？_____

我表现如何？_____

"保持尊重的态度"活动建议

1. 有些孩子完全知道怎样尊重他人，但由于长期的愤怒或抑郁，他们会选择不尊重。这些孩子需要的不仅仅是学习尊重他人的技能，他们还应该被送去专业的心理健康机构接受评估，找出不尊重的背后有哪些因素在起作用。对于那些偶尔不尊重他人或不十分明白他们的态度怎样影响他人的学生，学习这一技能将会有相当的帮助。

2. 这一技能是之前好几个技能的结合，比如"不侵犯个人空间""语音语调""做出让步""尊重个人边界""生气时找人倾诉"等。因此，所有这些技能的角色扮演活动都可以运用到这一技能的训练中来。这一技能需要特别学习的一个新步骤是，理解请求与要求的区别。下面是一些推荐的角色扮演活动：

a. 讨论与人谈话、排队或在走廊行走时应该与人保持怎样的距离。

b. 角色扮演用请求与要求这两种不同的方式表达需求，比如想吃零食、想去某地（操场）、想玩某个游戏或停止做作业等。

c. 角色扮演上面的内容，分别使用尊重和不尊重两种语气。录音或录像，让学生亲耳听到其中的差别。

d. 讨论在与人玩游戏意见不一致时的两种态度，即顾及别人的想法、彼此相让，以及坚持己见、互不相让。用不同的游戏加强练习。

e. 假装某人因为被迫上训练班或上学而生气，或因为被人嘲笑而生气。角色扮演呈现找人倾诉以及发泄情绪这两种不同的应对方式。务必告诉学生，将他们的怒气发泄到无辜的人头上是不公平的。

3. 纠正不尊重他人的行为，让学生使用恰当的行为（比如注意语气、请求而不是要求别人、保持距离等）。

4. 奖励"保持尊重的态度"的行为。

a. 口头表扬尊重他人的行为。

b. 用代币、硬币或积分奖励表现出尊重他人态度的学生。当代币达到约定的数量（比如5个）时，发放特别奖励（零食、贴纸或玩特别的游戏）。

第 9 章

通过敏感性训练及激励计划提高同伴接纳度

正如本书开头所言，对社交困难学生的普通同伴进行训练，是全面社交技能训练计划的一个重要组成部分。社交困难可以有两种解释，一是有社交障碍的学生缺乏社交技能，二是同伴对该学生的接纳度存在问题。因此，在对学生进行社交技能训练的同时，我们还必须着手对他们的普通同伴实施干预，让同伴学会更好地接纳有社交困难的学生。从我个人经验来说，将普通同伴纳入干预计划，干预效果更好也更快。因为让社交障碍学生学会更恰当地与同伴相处需要一个过程，而让普通同伴学会理解社交障碍学生则快很多。

对普通同伴的训练至少涉及两个部分：（1）敏感性训练，让他们更好地接纳有特殊需要的学生；（2）活动和激励计划，让他们将敏感性技能泛化并运用到需要的情境中去。

敏感性训练课程

这里的敏感性训练是指走进障碍儿童的班级，给障碍儿童的同学介绍他与他们的不同之处，让他们知道如何帮助他，包括与他一起聊天玩耍、在他生气时提供帮助、在他被人嘲笑时给予支持。对于这样的课程，家长和老师常常有所顾虑，觉得如此强调学生的障碍，会给他们带来更多的嘲笑和排斥。这么说吧，如果这位学生与同学相比，确实不存在明显的行为差异，那么这种做法的确可能引起不良后果。但如果真的不明显的话，我们也没必要进行敏感性训练了。

对于很多有社交障碍的儿童，比如阿斯伯格儿童，普通同伴往往已经知道他们的行为与众不同（甚至"令人讨厌"）了，也可能已经开始嘲笑、不理睬或排斥他们了。因此，对同伴进行敏感性训练——对他们解释"与众不同"的行为是怎么回事，让他们明白这些行为并非故意——就变得格外重要。此外，敏感性训练也必须强调阿斯伯格学生的天赋与才能，这样，普通同伴才能看到他们的多面性，把他们当成"完整"的人来看待。

下面是敏感性训练的指导方针，紧接着还有两个训练课范例，第一个针对从幼儿园到二年级的学生，第二个则适用于三年级及三年级以上的学生。

敏感性训练指导方针

1. 在与全班同学讨论目标学生之前，先征得该学生家长的同意，与他们讨论这样做的利与弊。如果该学生存在明显的行为差异，尤其是让同学反感的行为，那么敏感性训练就必须对这些差异及造成差异的原因进行解释，否则很难起到应有的作用。如果该学生不存在明显的行为差异，通常则不需要进行敏感性训练。

2. 与目标学生谈一谈他的强项和弱项，让他本人先对自己有一个大概的认知，而不是从同学口中"听说"自己是个怎样的人以及为什么会这样。可能的话，在对全班同学解释目标学生与他们的相同与不同之前，先征得他的同意。如果该学生在交友、与人游戏或说话方面存在困难，那么告诉他，你将给同学们解释他的这些困难，并请他们帮助他，多和他聊天与玩耍。

3. 进行敏感性训练时，目标学生最好不要在场。

4. 与班级老师一起探索表扬和奖励同伴的方法，鼓励他们团结友爱，对目标学生及其他所有同学的需要保持敏感。

活动和激励计划：促进敏感性技能的泛化与运用

目前已有好几种有助于提高同伴接纳度、强化敏感性技能的活动（比如 Wagner, 1998）。下面要介绍三种这样的活动和激励计划。这些计划无一例外，均涉及团结普通同伴与障碍学生以及奖励普通同伴的方法。

午餐伙伴计划

这一计划会在学生中招募志愿者，志愿者的任务是与目标学生一起吃午餐以及在课间一起玩游戏。在对全班同学进行过敏感性训练之后，老师开始在同学间征募愿意帮助目标学生的志愿者。志愿者采用轮换制，每天随机安排，任务是让目标学生一起参与对话和游戏。志愿者会获得具体的技能指导，比如如何吸引目标学生的注意（比如，叫她的名字、走到她面前、拍拍她的肩膀）、目标学生会玩并可能愿意玩哪些游戏。然后，他们会学习通过提问发起对话，比如问目标学生"你在吃什么？""好吃吗？""放学后打算做什么？""这周过得怎么样？"等。他们还需要在课间邀请目标学生玩他会玩的游戏。

参与这一计划的午餐伙伴会得到一定的奖励。比如，他们每次都能从午餐管理老师那里得到一张"好友"卡，之后可凭卡兑换特殊奖品或社会性荣誉（比如，作为"今日好友"入选班级光荣榜）。在计划实施的过程中，志愿者还会接受不定期的跟进式辅导以获得必要的支持，解决实际操作中遇到的问题，更好地帮助目标学生。

同学伙伴计划

这一计划与"午餐伙伴计划"相类似，但"午餐伙伴计划"针对的是午餐和课间活动，而这一计划则针对课堂上的作业和其他学业任务。这里的志愿者也实行轮换制，也会得到相应的奖励。

班级激励计划

这一计划不单独针对目标学生，它鼓励班上所有同学相互帮助、与人为善。它的一个比较方便好用的版本是效仿李·坎特的"玻璃弹珠罐"法：每当有学生表现出目标技能的时候，往罐子里投入一颗玻璃弹珠或一枚代币；当弹珠或代币积攒到足够的数量（一般为 50 ~ 100 个）时，全班同学获得奖励（比如一次派对、一节额外的美术课等）。被奖励的目标技能要比较明确，一次不超过 2 ~ 3 项。对学生已经获得的玻璃弹珠或代币，不要因为他们的不良行为而予以扣减或没收。我一般会奖励三种"友好"行为：（1）招呼落单的同学一起参与活动；（2）在同学被人嘲笑时挺身而出；（3）帮助同学（比如，在他们不开心、受伤、做作业遇到问题或需要鼓励的时候）。

校园激励计划

这是班级激励计划在校园范围内的延伸。虽然这是一个很高的目标，但它能在整个校园激发起更多的善意和积极行为。具体做法如下：

1. 征得学校管理层的许可（比如校长，如果这一计划在整个学区内实施，还需征得学区主管的同意），召开全校班级老师会议，要求各班在班内进行敏感性训练，教大家认识同学间的个体差异。让老师告诉大家，如果能在午餐、课间、走廊里或课上展现"友好"行为，他们将得到表扬以及奖券或代币奖励。奖券或代币在各班集中累计和兑换，具体方法由各班班级老师决定。所谓"友好行为"，一般指这些行为：

   a. 在别人落单时，和他们说话或游戏。

   b. 在别人被嘲笑时挺身而出，制止嘲笑行为或提供其他帮助。

   c. 在别人不开心或受伤时提供帮助。

2. 召开全体老师、午餐和课间相关工作人员的会议，要求他们：

   a. 发现和指导学生表现这些"友好"行为。引导他们招呼落单的同学、声援被嘲笑的同学、帮助需要帮助的同学。

   b. 表扬表现出上述某种"友好"行为的学生。

   c. 给表现出上述某种友好行为的学生发放奖券或代币。目标是每顿午餐和每个课间至少发出 2 张奖券或代币。

   d. 通过解释说明、示范和有反馈的角色扮演，将这些操作方法教给教职员工，并且让他们也用这样结构化的方法来教学生。你还要为此提前想好示范和角色扮演的适用场景［见后文"全体午餐/课间工作人员培训（范例）"］。

幼儿园—二年级敏感性训练（范例）

1. 如果世界上所有的人都一模一样，会怎么样？如果所有的人都一样，这个世界就太无聊了。

2. 从某种意义上说，我们所有人既相同又不同。

   a. 我们有哪些相同之处？讨论身体上的相同之处，比如都有双手双脚。

   b. 我们有哪些不同之处？讨论身体上的不同之处，比如头发、眼睛的颜色等。

3. 除了外表上的差异，我们还有很多其他有趣的不同之处。

   a. **阅读**。有些人阅读得很快，有些人却阅读得很艰难。他们可能更擅长接球和扔球。

   b. **专心听讲和好好坐着**。有些人可以在椅子上安安静静坐很长时间，还能认真听人讲话，有些人却喜欢站起来四处走动，他们的注意力很容易被其他事情吸引。

   c. **游戏**。有些孩子很容易和别人玩到一起，有些孩子却不太好意思和别人玩。

   d. **和别人讲话**。有的孩子特别喜欢和同学讲话，有的孩子却因为太害羞而不敢和人讲话。

   如果敏感性训练的内容是针对某一位学生，那么先谈论这位学生与大家的相同之处，再谈论他的不同。比如："约翰尼跟大家一样，也有两条胳膊、两条腿，他也喜欢看书，也非常可爱。但他还有不一样的地方，他有时候不知道怎么跟你们说他想和你们一起玩。"在介绍学生的时候，一定要兼顾长处和短处。如果该学生有些行为让其他人感觉讨厌，那么务必跟大家解释它们并非出于故意。比如，"有时候，当老师让约翰尼做作业的时候，他会发出一些奇怪的声音。那不是他故意要打扰大家，而是因为他太紧张了。所以，不要让他安静，那样会让他生气。别管他，让老师来跟他说。"

4. 有时候，同学们会嘲笑或戏弄那些他们觉得不一样的学生。这样做公平吗？如果别人因为你跟他们有些不一样而不理你，你的心情会怎样？

5. 落单、被人排除在外是一种什么样的感觉？通过体验练习加以说明。

   a. 问学生谁想玩"西蒙说"游戏，想玩的站起来。然后请穿白球鞋的同学坐下，告诉他们不能玩。再让棕色头发的人坐下，他们也不能玩。继续否定各种不同特征的同学，让他们一个个坐下，直到所有人全都坐下不能玩。

   b. 问问学生，因为鞋子颜色不同、因为头发或眼珠颜色不同就被排斥在玩游戏的人之外，是一种怎样的感觉。让他们再想一想，被排斥的人还要被人嘲笑，是怎样雪上加霜？告诉他们，这正是那些因为害羞而不敢和他们玩或不知道怎么跟他们玩的同学心里的感受。告诉他们，请落单的同学一起玩就是帮助他们。

6. 我们怎样提供帮助?

a. 如果你看到有同学落单了，邀请他们一起聊天或游戏。邀请三次，如果他们确实不想一起玩或聊天，就不要勉强。

b. 如果你看到有同学被人嘲笑了，上前制止嘲笑他的人。如果他们不听，告诉老师。

c. 如果你看到有同学很不开心，问问他是否需要帮助。

如果敏感性训练的内容是针对某一位学生，那么教同学具体怎样帮助这位学生。比如，当同学叫这位学生名字的时候，他可能没有反应，那么，教同学先引起他的注意。比如，你可以说:"如果约翰尼不回答你的问题，那么拍拍他的肩膀，让他注意到你。对他说:'约翰尼，看着我。'然后，再问一次你的问题。如果他还是没有回答，那么站到他面前，让他看着你，再问他一遍。如果还是不行，去找老师帮忙。"

7. 奖励友好行为。

如果我看到你表现出上面提到的任意友好行为，你将得到一个_____。当你得到_____个_____时，你将得到_____。

三年级及以上敏感性训练（范例）

1. "五感"是哪五种感觉？听觉、视觉、味觉、嗅觉、触觉。

2. 有谁知道"第六感"？不，不是见到鬼（提到电影《第六感》）。第六感是一种对"社交"或"朋友"的感觉（这一概念来自托尼·阿特伍德，1998）。

"朋友觉"包括：

a. 知道怎样与其他孩子讲话。

b. 知道怎样与其他孩子玩耍。

c. 能理解其他人的感受。

3. 我们有些人的"朋友觉"不太好，因此很不善于交朋友。比如，我们可能存在这些问题：

a. 不知道怎样与其他孩子讲话。

b. 不知道怎样与其他孩子玩耍。

c. 不能理解其他人的感受。

如果敏感性训练的内容是针对某一位学生，那么，在说完这位学生的众多特长和才能之后，讨论他的"朋友觉"存在哪些问题。注意，讨论时一定要兼顾他在智力方面的优势和在社交方面的弱势。如果该学生的有些行为让其他同学感到讨厌，比如总是侵入别人的私人空间，务必跟同学解释这些行为并非出于故意。

4. 即便是"朋友觉"很差的人，也可以成为非常成功的人、对他人有用的人。很多名人就是"朋友觉"很差的人，但这不妨碍他们发挥天赋、成就卓越，比如爱因斯坦、莫扎特、爱迪生、杰斐逊总统、天宝·葛兰汀等。（讨论这些个体的社交障碍，也讨论他们的特殊天赋和才能。）

5. "朋友觉"存在问题是一种怎样的感觉？通过体验练习加以说明。

a. 告诉全体同学，他们可以加入一个特别的俱乐部。只要加入这个俱乐部，他们可以得到任何想要的东西，包括特别招待（提前备好零食）。

b. 选5位同学去教室外面（由班级老师预先选定心理素质好、在人前不太会尴尬的同学）。

c. 告诉余下的同学怎样加入俱乐部：只需问一声"我可以加入吗"，同时做几个"秘密"动作（挠头、抓耳朵、咳嗽，顺序随意）。找3～4名志愿者练习三分钟，直到他们可以很自然地完成这些动作。

d. 让出去的 5 位同学回到教室，让他们尝试加入俱乐部，方法是询问他们能否加入。在第一位同学询问完后，问全班同学："他做对了吗？可以加入吗？"同学们看到他没有抓耳朵、挠头、咳嗽，会说："不行，不能加入。"接着，请一名知道秘密的志愿者申请加入，让刚才出去的 5 位同学仔细观看。当这位同学成功加入并获得特别招待之后，问全班同学："他做对了吗？"由于他完成了秘密动作，所以大家会说"做对了"。然后，让刚才 5 人中的另一位申请加入……如此这般，让知道和不知道秘密动作的同学轮流申请加入，奖励成功加入的同学。

e. 问问 5 位同学，在他们发现秘密动作之前，心里是什么感觉。他们是否感到愤怒，看别人得奖有没有觉得不公平，自己不知道正确的做法是不是很尴尬，有没有觉得孤立无援，等等。然后一起讨论那些"朋友觉"很差的人在加入大家的圈子时会遇到哪些问题，他们不知道如何加入的心情与这些同学此时此刻的感受如出一辙。

f. 最后，让所有同学都知道怎样加入这个虚构的俱乐部并得到奖励。盛赞那 5 位一开始没有得知秘密的同学，为他们的勇气鼓掌喝彩。

6. 我们怎样提供帮助？

a. 如果你看到有同学落单了，邀请他们一起聊天或游戏。邀请三次，如果他们确实不想一起玩或聊天，就不要勉强。

b. 如果你看到有同学被人嘲笑了，上前制止嘲笑他的人。

c. 如果你看到有同学很不开心，问问他是否需要帮助。

如果敏感性训练的内容是针对某一位学生，那么教同学具体怎样帮助这位学生。比如，如果这位学生不回答他们的问题，那么，教他们怎样引起她的注意，或者怎样换一种说法重新提问。

7. 奖励友好行为。

如果我看到你表现出上面提到的任意友好行为，你将得到一个＿＿＿＿＿＿。当你得到＿＿＿＿＿个＿＿＿＿＿时，你将得到＿＿＿＿＿＿＿＿＿＿。

全体午餐／课间工作人员培训（范例）

在全校范围内推广针对友好行为的激励计划时，为了得到午餐工作人员的配合，我开展了这样的培训。培训也可以由校长或特教人员负责组织。一般来说，这样的培训需要半个工作日，可以趁工作人员空闲的时候进行。考虑到大部分食堂工作人员工作辛苦、工资不高，务必在培训前为他们向校长或其他学校管理者申请参训补贴。

理论基础

午餐／课间时间是学生一天中社会性程度最高而结构化程度最低的时间。对很多学生来说，这是他们暂时放下课业负担、放松休息的时间。但由于结构性的缺乏以及它的社交本质，这段时间也是社交冲突和行为问题的高发时段。因此，我们希望能实施这样一个计划，降低这段时间内行为问题的发生率，同时培养一种友好、关爱的课间氛围。

计划安排

A. 全校学生在各自班级学习午餐和课间应有的三种"友好"和"负责任"的行为：

1. **邀请落单的同学**一起聊天或游戏。
2. **声援被嘲笑的同学**，制止嘲笑的同学或寻求老师的帮助。
3. **主动帮助**看起来不开心或受伤的同学。

B. 我们要求所有教职员工在午餐和课间：

1. 发现或教导学生表现这些"友好"行为。引导他们邀请落单的同学、声援被嘲笑的同学、主动帮助有需要的同学。
2. 表扬表现出上述任意一种"友好"行为的学生。
3. 给表现出上述任意一种"友好"行为的学生发放奖券或代币。
4. 每天午餐和每个课间尽量表扬学生，至少发出两张奖券或代币。

C. 学生将拿到的奖券或代币交给班级老师，班级老师对他们的友好行为进行表扬。奖券或代币将在班内累计并兑换相应的奖励。具体的奖励方法由各班班级老师决定。

教导和表扬友好行为（示范及角色扮演）

A. **邀请落单的同学**（共需三人：两人主演，一人坐在一旁）

1. 注意到有人落单了。
2. 教其他人邀请落单者一起玩。
3. 想出让落单者与大家一起玩的游戏。
4. 表扬并发放奖券。

B. **声援被嘲笑或被奚落的同学**（共需三人：嘲笑者、被嘲笑者和旁观者）

1. 注意到有人被奚落了（哪怕是事后被告知）。
2. 教导旁观者："他需要你的帮助，你能支持他一下吗？"

3. 帮助被嘲笑者："别在意，你知道事实不是那样的。"

4. 对嘲笑者说："为你刚才说的话道歉，好吗？我不希望任何人嘲笑你，也不希望你嘲笑任何人。"

5. 表扬声援者并发放奖券。

C. 主动帮助需要帮助的同学

1. 寻找这样的场景：有人对受伤的同学伸出援手，有人鼓励或称赞做某事遭遇困难的同学（比如"扔得好"或"你打得很好"）。

2. 教导学生帮助有困难的人。

3. 表扬帮助同学的人并发放奖券。

D. 计划何时开始？

接到校长命令并拿到他/她给的特制代币或奖券就可以开始了。

通过体验练习，理解"看他人得奖"的激励效应

告诉所有员工，只要他们拿到三张奖券，就可以提前结束培训。再让他们彼此谈论这一周的情况或周末的计划。当大部分人进入聊天状态以后，随便找一个不说话的人，对他说："我喜欢你这么安静，给你一张奖券。"继续给这样不说话的人发奖券，直到大部分人开始明白，不说话才可以拿到奖券。然后跟他们解释，看他人得奖往往可以有效地激发人们的良好行为。这也是我们希望午餐和课间奖励可以达到的效果——让孩子们看到别人因为积极行为得到了奖励，从而开始效仿这些行为。

怎样应对消极行为？

A. 提前告诉学生正确的做法，预防消极行为的发生。

1. 在两方吵起来之前，提醒他们彼此相让。

2. 提醒他们别让任何人落单，遇到困难彼此鼓励。

B. 关注那些表现出积极行为的孩子（比如声援弱者的旁观者）。

C. 不要批评孩子做了不该做的事，要教他们怎样做可以做的事。

1. 给那些为玩哪个游戏争执不下的学生提出让步建议。

2. 教他们用语言（"我"字句）表达愤怒而不是打架：

当你_____的时候，

我感到_____，

因为_____。

我希望你能_____。

3. 教他们输了怎么办："就算你输了游戏，如果不生气，也还可以赢得朋友。"

D. 当所有办法都不能解决问题时，把它交给_____（班级老师、校长）解决。

图书在版编目（CIP）数据

社交技能培训手册：70节沟通和情绪管理训练课／（美）杰德·贝克（Jed E. Baker）著；张雪琴译. -- 北京：华夏出版社有限公司，2022.4（2025.5重印）

书名原文：Social Skills Training: For Children and Adolescents with Asperger Syndrome and Social-Communication Problems

ISBN 978-7-5222-0204-4

Ⅰ. ①社⋯ Ⅱ. ①杰⋯ ②张⋯ Ⅲ. ①孤独症－心理交往－儿童教育－特殊教育－手册 Ⅳ. ①G766-62②C912.11-62

中国版本图书馆CIP数据核字（2021）第253524号

Social Skills Training For Children and Adolescents with Asperger Syndrome and Social-Communication Problems

By Jed E. Baker, PhD.

Original copyright© 2003 by AAPC Publishing, Inc., USA

(Simplified) Chinese edition copyright © 2021 by Huaxia Publishing House Co., Ltd.

All rights reserved.

©华夏出版社有限公司　未经许可，不得以任何方式使用本书全部及任何部分内容，违者必究。

北京市版权局著作权合同登记号：图字01-2021-6419号

社交技能培训手册：70节沟通和情绪管理训练课

作　　者	［美］杰德·贝克
译　　者	张雪琴
责任编辑	张红云　马佳琪
责任印制	顾瑞清
出版发行	华夏出版社有限公司
经　　销	新华书店
印　　装	三河市少明印务有限公司
版　　次	2022年4月北京第1版　2025年5月北京第3次印刷
开　　本	880×1230　1/16开
印　　张	14
字　　数	200千字
定　　价	68.00元

华夏出版社有限公司　网址：www.hxph.com.cn　地址：北京市东直门外香河园北里4号　邮编：100028

若发现本版图书有印装质量问题，请与我社营销中心联系调换。电话：（010）64663331（转）